JN125822

NKO

野《の》辺《べ》には朽《く》ちじ

硫黄島 栗林中将の戦い

小室直樹

WAC

まえがき

硫黄島の戦いは、占領したアメリカをもってして「勝者なき死闘」と嘆ぜしめるほどの大激戦であった。その結果、アメリカ大統領は、日本に原爆を落とし、ソ連を参戦せしめたが、この二つは、実は日本に途方もない巨大な利益を齎《もたら》した。

既に国力が尽き果てていた日本は、「一億総玉砕」をスローガンに本土決戦に突入するしか道は残っていなかったが、原爆投下によって止むなく降伏せざるを得なかった、という口実を得た。このことが戦後、どれほど有利に作用したかは計り知れないものがある。

ルーズベルトの誘いによるソ連の対日参戦もまた同様である。日本軍の本当の強さを体験をしたのはアメリカ一国だから、ソ連は戦後の日本の占領統治に関して何の発言権も有しない。それでいて、ソ連の参戦は、日本人の多数をシベリアに連行していったことにより、日本においては限りない対ソ憎悪を掻《か》き立てたので、日本における共産主義革命は全く不可能となった。これを最も恐れたのは近衛文麿《このえふみまろ》公(長男、文隆氏はソ連に抑留《よくりゅう》された)

である。これでポツダム宣言は限りなく日本にとって有利なものとなった。

ポツダム宣言はその本文において、「我らの条件斯《か》くの如し」と書いてあるが、無条件降伏ではなく有条件降伏となった。アメリカが、日本とだけは二度と戦いたくない、という確信を持つことによって、安全保障条約が成立した。翻《ひるがえ》って考えるに、初期の安全保障条約はアメリカが無償で日本を守るということである。御蔭で日本は国防費を使うことなく、その費用を全て経済再建に当てることができた。

その後、占領下において、アジアでの朝鮮戦争という代理戦争を経ることにより軍需特需があり、再びアジアでの代理戦争であるベトナム戦争によって、日本は高度成長が可能となった。その結果、一時期はアメリカに匹敵する経済超大国にまで成長した。特にベトナム戦争は硫黄島の戦いの完成であった。栗林忠道中将は硫黄島で地下から圧倒的に優勢な死闘を演じたのだが、ベトナム軍は同様な戦術によって、物量の圧倒的に優勢なアメリカ軍に勝った。

憲法第九条も日本に有利に解釈されることになった。

アメリカは戦後において、軍事制限を外交上の常套《じょうとう》である講和条約において定めず、憲法改正で定めさせた。軍事制限を憲法において定めるのと国際条約において定めるのとではどう違うのか？　それは、憲法は勝手に解釈が出来ることである。アメリカが硫黄島の戦いで得た日本への印象は、第九条に表現されているが、憲法で定めた結果、途方もなく日本に行動の自由を与えたのである。

戦後の日本は、アメリカと同盟を結びながらも、何時でも憲法第九条二項を盾に出兵を拒否できるようになった。自衛隊とは「戦争をしない軍隊」とされるが、こんなことが言えるのは憲法の自由な解釈が可能であることにある。例えば、第一次中東戦争では、同盟国でありながら一切出兵せずに済んだ。イラク戦争への出兵は一人の死傷者も出さずに、復興援助平和部隊として大いに活躍し感謝された。これもみな、硫黄島での大激戦の賜物《たまもの》である。

しかし、願わくば栗林中将を中部太平洋方面軍司令官に任命して、サイパン、テニアン、グアムを総括させるべきであった。これらの島々は硫黄島より遥かに大きく、水も豊かで地下壕を掘ることもずっと容易である。ここを栗林方面軍司令官が統括し、日本の重火器（威力があり重量のある鉄砲、重機関銃、大砲など）を集中させれば、恐らく難攻不落になったであろう。米軍が大挙して押し寄せて来たとしても、長期持久は可能で、撃退することも可能であったろう。少なくとも長期持久を行なえば、米軍は攻め倦《あぐ》ねて、講和を求めた可能性すらある。サイパン、テニアンを守り抜けば、東京を中心とした本州爆撃もなかったに違いない。故に、日米戦は果てしない長期戦になったであろう。

硫黄島の交戦でもう一つ目立つことは、アメリカのシャーマン戦車を撃破したことである。敵の優秀な戦車を撃破することは、どこの国でも困難なことである。例えばソ連のT34戦車は極めて強力であって、隆盛期のドイツ陸軍でさえ苦心惨憺《さんたん》の末にやっと撃破し得た。また、第二次世界大戦の末期、米陸軍の戦車ですら一個連隊を持ってしても、ドイツのティーゲル（Tiegel）戦車一台に勝てなかった。それ故に、既に負けたとさえ思われたドイツ軍も、大反攻を展開し得えて、連合軍をノルマンディーの海岸にもう一度追い落とす寸前まで追い詰めた。これ程までに敵の新戦車を撃破することは困難を極める。

日本軍もアメリカ戦車の威力には抗《こう》し切れなかった。しかるに、硫黄島においてそのシャーマン戦車を撃破し得た事は、特筆大書すべきである。歴史的に見ても、日本軍は敵の戦車を撃破することは苦手だった。この意味においても、栗林中将を中部太平洋方面軍司令官に任命することが絶対に必要であった。

総司令部が玉砕した後も交戦を継続し得た事は、日本軍の玉砕戦においても画期的な事だった。日本軍の玉砕は、数においても壮烈さにおいても、歴史に残るアラモ、マサダ、サーモピレーに比べても類を見ない。更に戦いとは、総司令部が壊滅すれば全て終わりなのだが、硫黄島に限ってはそうではなかった。

こと硫黄島に限っては、総司令部玉砕後、長きものは戦後四年にも渡って死ぬよりも苦しい生を生き抜いてゲリラ戦を展開した。これぞ世界史に類例を見ない健闘と言わざるを得ない。

栗林中将が水際《みずぎわ》と飛行場に労働力を割かれ苦労を極めたのは、単に陸海軍の仲が悪いからばかりではなく、双方が異なる共同体であったからだ。東條英機首相が真珠湾奇襲を知らなかったのも、栗林中将が航空（母艦）戦隊の全滅を知らなかったのも、同じ理由による。

栗林中将が〝一人十殺〟、終わりに〝百殺〟と言ったのも、本当にアメリカを知っていたからだ。硫黄島で「バンザイ突撃」と無駄な「切り込み攻撃」を禁止したのも、飽くまで生き残って一人十殺を命じたのも、アメリカの世論の動向を良く知っていたからである。

小室直樹

野辺《のべ》には朽《く》ちじ
硫黄島　栗原中将の戦い

目次

徐々に北に追い詰められていった日本軍
「想像もつかない生き地獄」
栗林中将、なおも戦闘継続中なり
「類稀なる勇気こそが一般的な美徳であった」

第4章 現代に生きる硫黄島

九州に上陸したら死傷者二六〇万人は出るだろう
日本に有利になったポツダム宣言
原爆のせいで日本には名目がたった
神風は戦後に吹いた
硫黄島は日本経済の神様
右翼も左翼も不勉強
兵器は使うだけが能じゃない
太平洋よりインドとアフリカだった

装幀／須川貴弘（WAC装幀室）
靖國神社、遊就館写真／佐藤英明
DTP／有限会社メディアネット

本書は二〇〇七年一月に発行された『硫黄島栗林忠道大将の教訓』を改題・改訂し、WAC　BUNKO化しました。

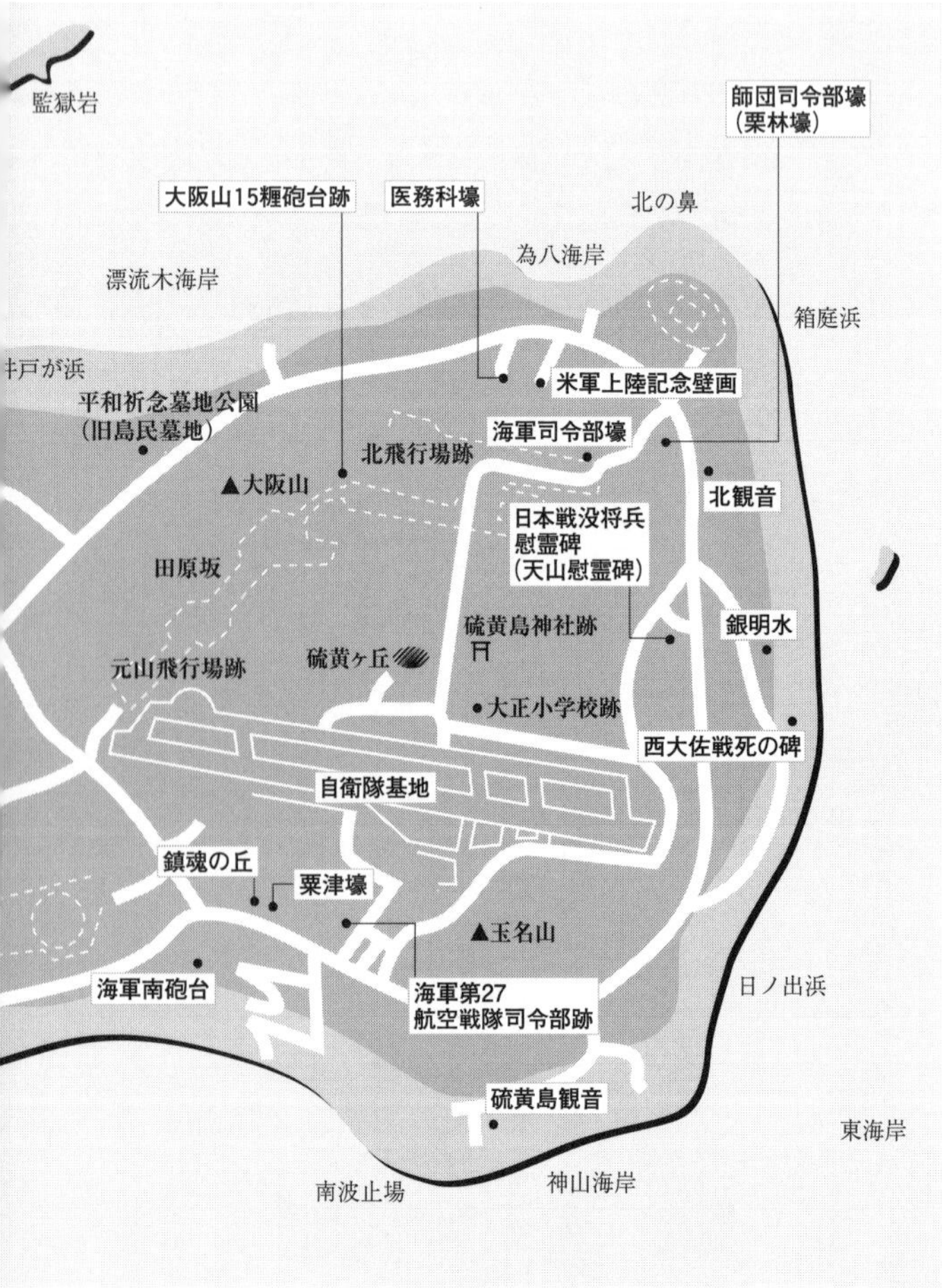
監獄岩
師団司令部壕
(栗林壕)
大阪山15糎砲台跡
医務科壕
北の鼻
為八海岸
漂流木海岸
箱庭浜
井戸が浜
平和祈念墓地公園
(旧島民墓地)
米軍上陸記念壁画
海軍司令部壕
北飛行場跡
▲大阪山
北観音
日本戦没将兵
慰霊碑
(天山慰霊碑)
田原坂
硫黄島神社跡
銀明水
元山飛行場跡
硫黄ヶ丘
大正小学校跡
西大佐戦死の碑
自衛隊基地
鎮魂の丘
栗津壕
▲玉名山
海軍南砲台
海軍第27
航空戦隊司令部跡
日ノ出浜
硫黄島観音
東海岸
南波止場
神山海岸

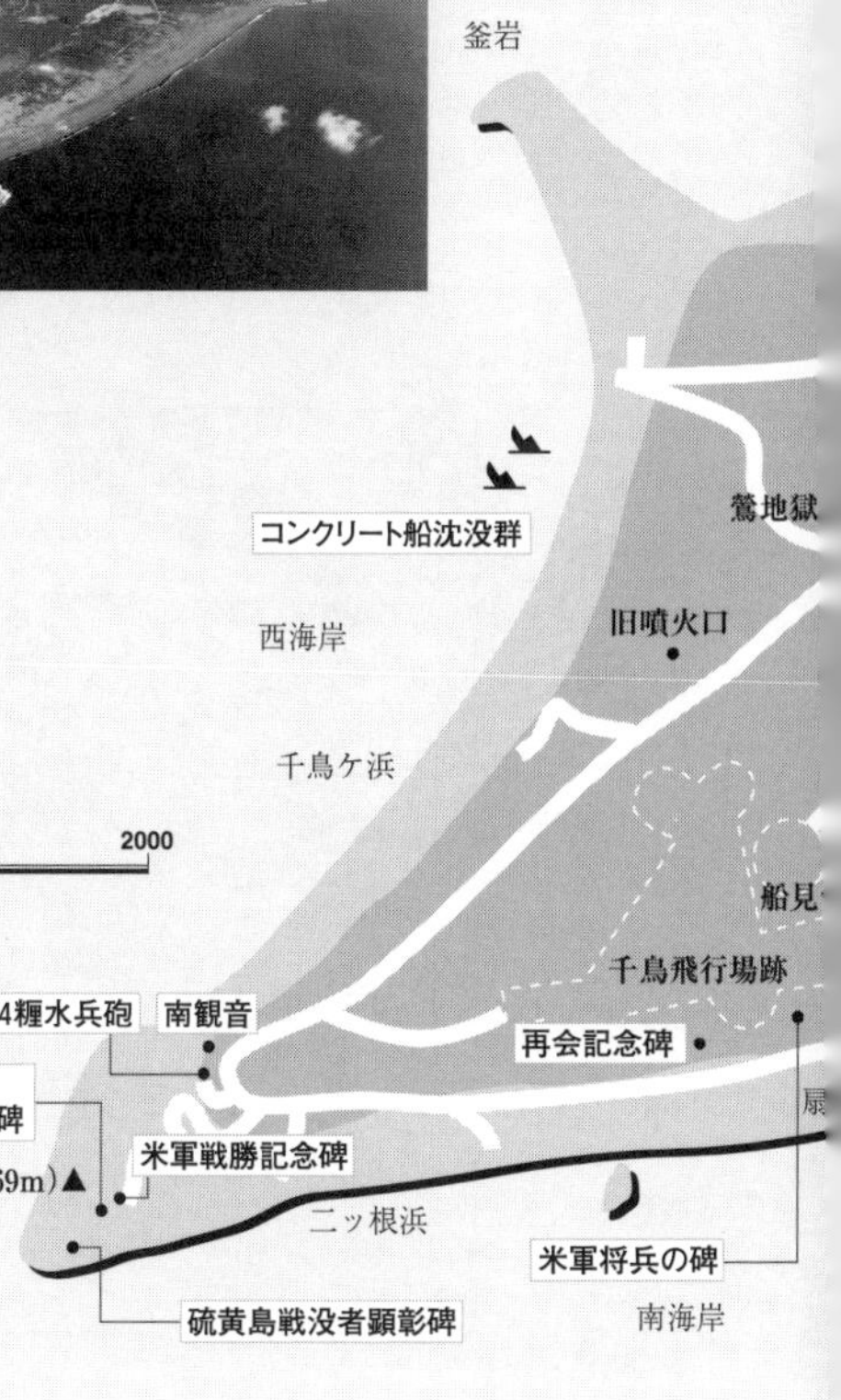
釜岩
コンクリート船沈没群
鶯地獄
西海岸
旧噴火口
千鳥ケ浜
0m
1000
2000
N
船見
千鳥飛行場跡
14糎水兵砲
南観音
再会記念碑
第一・第二御楯
特別攻撃隊慰霊碑
米軍戦勝記念碑
摺鉢山（169m）
二ッ根浜
米軍将兵の碑
硫黄島戦没者顕彰碑
南海岸

硫黄島地図

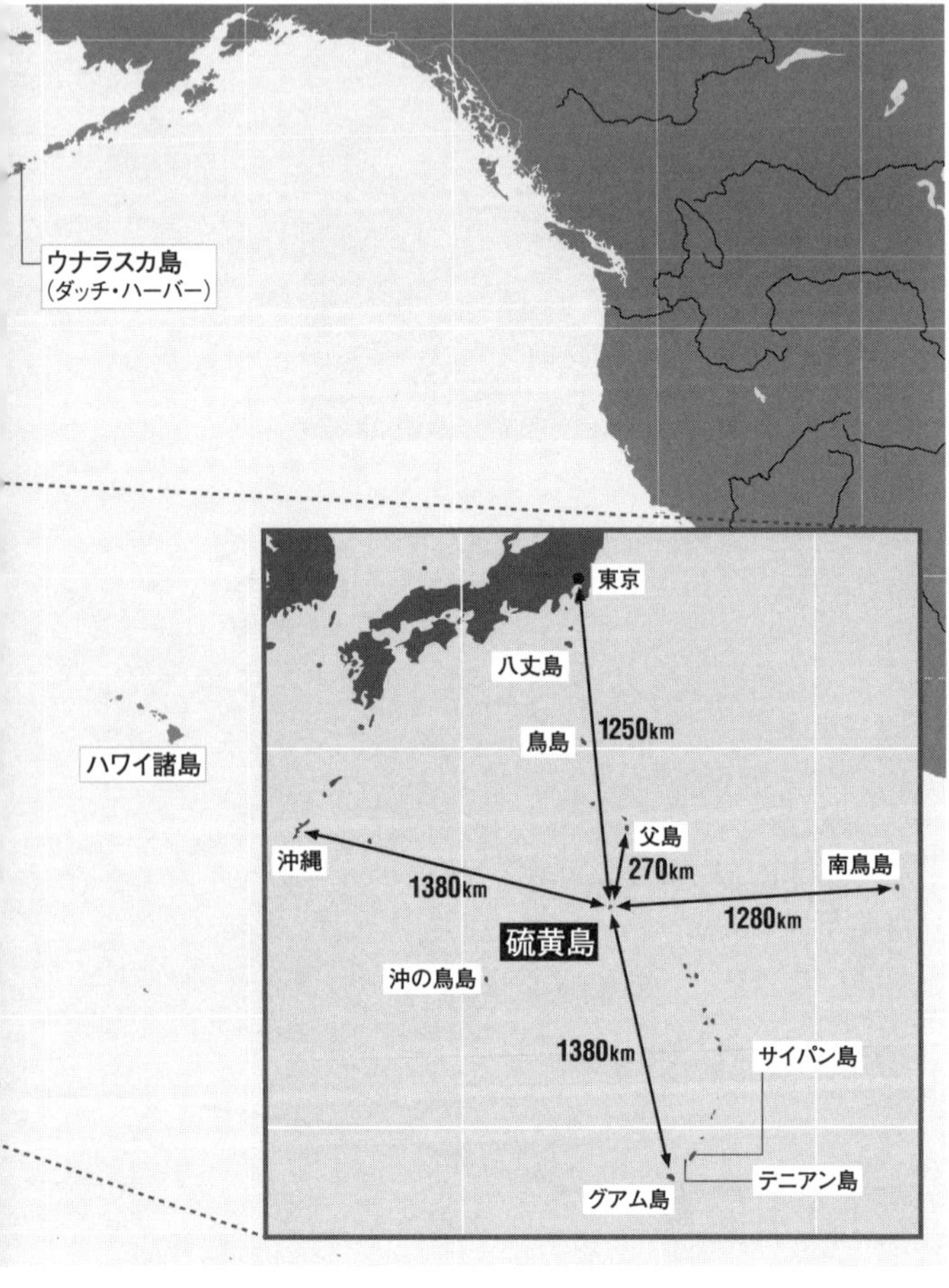

ウナラスカ島
（ダッチ・ハーバー）
ハワイ諸島
東京
八丈島
1250km
鳥島
父島
270km
沖縄
1380km
南鳥島
1280km
硫黄島
沖の鳥島
1380km
サイパン島
テニアン島
グアム島

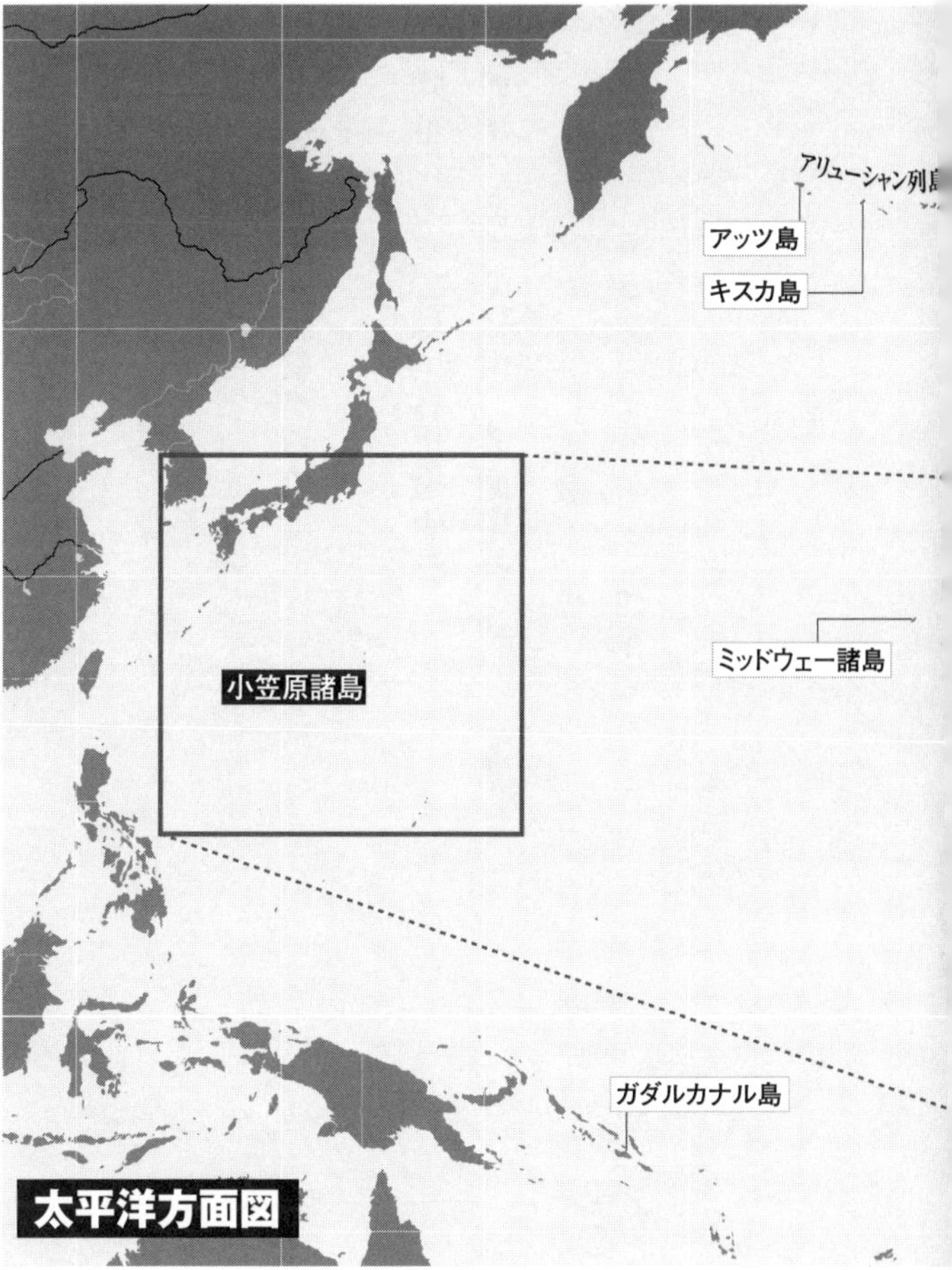
アリューシャン列
アッツ島
キスカ島
ミッドウェー諸島
小笠原諸島
ガダルカナル島
太平洋方面図

私が長年、大東亜戦争を研究してきた結果、
軍人として最も尊敬するのは、

陸軍にあっては栗林忠道中将
海軍にあっては山口多聞中将

である。

序章

世界の戦史上、稀にみる死闘は東京都内で行なわれた

硫黄島をご存じでしょうか。

韓国の島か、ですって？　クリント・イーストウッドの映画のタイトルにあったような気がする？

その通り。

東京都小笠原村硫黄島。歴《れっき》とした東京都内である。近頃ホエール・ウォッチングやイルカで有名な小笠原諸島の父島から二七〇キロほど南西にある。グアム島までは更に南に約一三八〇キロである。

面積は約二二平方キロ、周囲約二二キロに過ぎないこの小さな島で、かつて日本とアメリカ両国の兵士が、口を揃えて「この世の地獄だった」と語る、文字通り血みどろの死闘を繰り広げた。日米合わせておよそ五万人の戦死傷者が出ている。

そして、この戦いの御蔭で現在の日本がある、と言える。その事を日本人自身が忘れてしまっている。若い人だけでなく、往時を知る年輩者までが硫黄島を思い出そうとしない。今や日本の領土に復した硫黄島がどこにあるのかさえ知らない人が殆《ほとん》どだ。

当時敵だったアメリカでは決して硫黄島を忘れていない。硫黄島で戦った自国の兵士を誇りにしていると共に、日本軍の兵士を恐れ、またその指揮官であった栗林忠道中将に敬意を抱いている。そして、二度とあのような恐ろしい戦いを繰り返したくない、と考えている。だからクリント・イーストウッドも、硫黄島をアメリカ側から描いた作品と、日本側から描いた作品の二部作を作ったのである（『父親たちの星条旗』『硫黄島からの手紙』。共に二〇〇六年）。

硫黄島の御蔭で現在の日本があるとはどういうことなのか。それを本稿で語る。

その前に――。「硫黄島」の読み方。現在では「いおうじま」と読まれているらしいのだが、戦前に住んでいた島民は「いおうとう」と呼んでいた。日本軍においても「いおうとう」と言っていた。我々国民もそう呼んでいた。

英語では"Iwo Jima"と言うから、それで戦後「いおうじま」の呼び方が定着したのかも知れない。だが、クリント・イーストウッドの映画の中で、当時の日本軍までもが「いおうじま」と言っていたのは不自然であろう。この本では「いおうとう」と読んでいただきたい。

それから、硫黄島は東京都内にあるが住民はいない。無番地である。一般の人は島に立ち入れない事になっている。火山島なので、噴火の恐れがあって危険だから立ち入り禁止という訳でもない。では、何故か。

理由は海上自衛隊が管理する軍事用航空基地の島だからである。アメリカ海軍の空母艦載機による離着陸猛訓練（タッチ・アンド・ゴー）も行なわれている。だから島に入れるのは自衛隊関係者と、基地施設維持のための建設業者、そして例外的措置として旧島民と、硫黄島の歴史を継承するための教育的見地から小笠原島民、および小笠原に住む中学生が訪問出来る。


硫黄島が史上稀《まれ》に見る死闘の舞台となるまで、この島には約一〇〇〇人ほどの住民が住んでいた。

十六世紀半ばにスペイン船が発見し、十八世紀にイギリスの探検家ゴアが、その硫黄の匂いから"Sulfur Island"（硫黄島）と名付けた。明治二十二年（一八八九年）に父島の住民である田中栄次郎が硫黄島の開拓を始め、硫黄採掘事業が始まった。そして同二十四年に日本領土に編入された。

やがてサトウキビやコカ栽培が始まり、人口も増えていった。島には川がなく、井戸を掘っても硫黄の混じった塩水しか出ないため、飲み水は雨水に頼るしかない。どの家にも雨水を溜《た》める天水槽《てんすいそう》が備え付けられていた。

大東亜戦争末期、この島が日米の勝敗を分ける最前線となり、硫黄島をはじめとした小笠原諸島の住民が強制疎開させられる事となった。終戦後はアメリカの施政権下に置かれ、空軍基地として使用された。昭和四十三年（一九六八年）に日本に返還されたものの、未だに住民の帰島は実現していない。

硫黄島では日米合わせて約二万七〇〇〇人の兵士が亡くなった。その内、日本兵の御《み》柱《はしら》は、平成十七年三月時点で八五一一柱しかあがっていない。

その戦没者の恩讐《おんしゅう》を越えた合同慰霊祭が、毎年三月十四日に行なわれている。世界中で、戦った双方がそのように合同で行う慰霊祭はここだけだという。

慰霊祭に対してはアメリカ人のほうがずっと熱心に見える。それは、この日がアメリカ軍が公式な勝利の国旗掲揚を行なった記念日だからというだけでなく、日本人が硫黄島のことを忘れているからそう感じるのである。

島には、日本軍の栗林中将の独創的な考えによって張り巡らされた地下壕も遺されてい

日米合同慰霊祭。日米あわせて約850人が参加(2005年3月)。手前に見えるのは、昭和60年に建てられた「再会記念碑」

る。硫黄島守備隊は、摂氏五〇度を越える地下に潜ってアメリカ兵と戦った。ブルドーザーで生き埋めにされたり、油を流し込まれ火炎放射器で焼き殺された兵士もいる。日本軍が造ったトーチカや、大砲も残っている。そして、「硫黄島戦没者顕彰碑」など様々な記念碑も建てられている。

　アメリカは歴史教育に力を入れている国だから、「硫黄島」と聞くと厳粛な気持ちになる。硫黄島で戦った元兵士と知れば、その人の前で襟《えり》を正す。「硫黄島」と聞くと日本人は首を傾《かし》げる。島には、日本兵の遺骨が未だ殆ど埋もれたままになっているにも拘《かか》わらず、である。

　日本人は歴史に学ばない国民だから、大東亜戦争でとんでもないバカな失敗をした。その愚を今も繰り返している。現代の日本の平和が、今も硫黄島に眠っている御柱の上に成り立っている事、硫黄島で亡くなった日本兵の御蔭で繁栄を享受している事、それを知らずにのうのうと生きている。恐ろしいことではないか。

(上)南海岸に残るトーチカ跡。上陸した米軍を迎え撃った
(下)大阪山15糎砲台跡

今こそ硫黄島について、大東亜戦争について学ばねばならないことが沢山ある。戦争は一部の歴史を知らない者が言うように「終わったこと」ではない。戦争を起こさぬようにするためにこそ、戦史を学ぶのである。

昔から日本人が「外交オンチ」と言われる

地下壕に散乱する日本兵の遺骨(返還直後の昭和43年撮影)。未だ1万体以上の遺骨が眠る

のは戦史に学ばないからだ。官僚が国を滅ぼす事、旧日本陸海軍の如し。それも大東亜戦争を忘れているからである。

日米開戦当時、日本は連戦連勝だった。それがある時を境に形勢が大逆転してアメリカに敗れた。戦後の経済成長も同じ事である。敗戦国でありながら一時はアメリカを凌《しの》ぐ経済大国になりかかったのに、それが今や立場が再び逆転しつつある。

栗林忠道中将という立派な日本人の先達《せんだつ》に、何故学ばないのか。

硫黄島と大東亜戦争について研究すればする程、日本人の長所と欠点が、どちらもまざまざと見えてくるはずである。

第1章

真珠湾奇襲から硫黄島へ

火星人と日本人

一九三八年（昭和十三年）のことである。ハリウッドの名優、名監督であった若き日のオーソン・ウェルズが米ＣＢＳのラジオドラマ『火星人来襲』を放送した際、臨時ニュースを名調子で放送し、それを聴いた慌て者の市民が避難を始めるなどアメリカ中が大パニックとなったことがあった。当時、多くのアメリカ人にとって火星人との戦争のほうが、日本人との戦争よりずっと現実味のあるものだった。

その〝あり得べからざる〟日本との戦争が可能性を帯びてきたのは、日本が満洲を軍事占領した満洲事変（一九三一年／昭和六年）のとき。アメリカのスティムソン国務長官は対日開戦を主張したが、米海軍が「重巡洋艦が劣勢である現在、勝利に自信がない」というので沙汰止《さたや》みとなった。本気で日本と戦うことを考えている者など、まだアメリカには殆どいなかった。アメリカ人の大多数にとって日本は非現実的なお伽《とぎ》の国であり、マルコ・ポーロのお話に出てくる黄金の国「ジパング」、または我がペルリ準提督が四隻の軍艦を率いて探検に行き、文明を齎《もたら》した封建制度の国……それが大方の日本に対する当時の認識

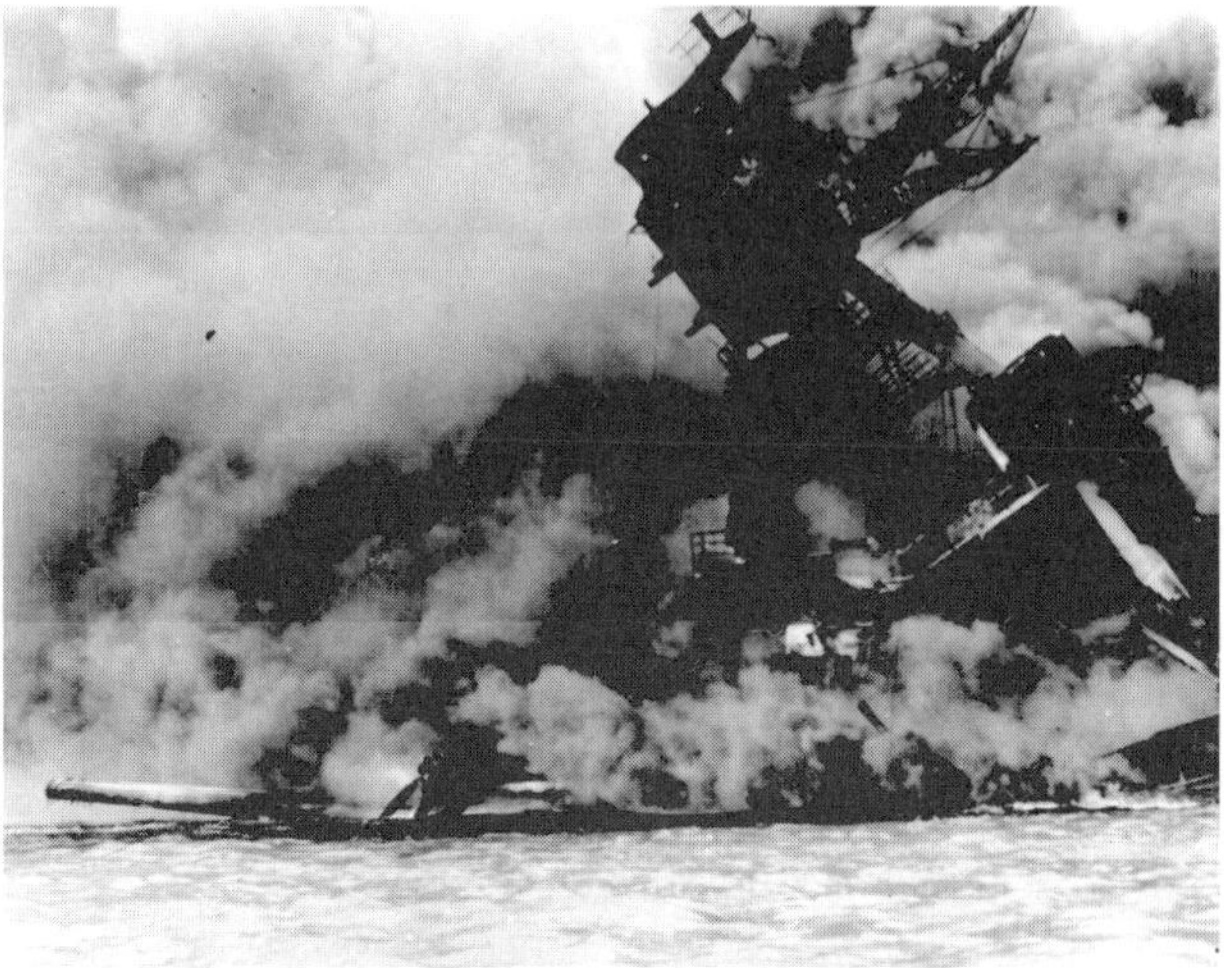

真珠湾攻撃（上）炎上する「アリゾナ」（下）爆撃を受けたヒッカム飛行場から煙が立ちのぼる

だった。

一方、日本にとっては「米英」といえば世界そのものだった。イギリスは、当時世界一の大国、アメリカはそれに次ぐ第二の大国だった。

しかも、ワシントン海軍軍縮条約（一九二二年／大正十一年）によって日本の戦艦と航空母艦比率は、アメリカ五、イギリス五に対して、三と決められていた。更にロンドン海軍軍縮会議（一九三〇年／昭和五年）において、日本の重巡洋艦比率が対米六割に抑え込まれた。海軍の兵力には二乗均等の法則が適用されるから、三対五という戦力比は九対二五にもなり、日本は米英には到底敵《かな》わないと考えていた。

ところが、いざ戦争を始めてみると、昭和十六年（一九四一年）十二月八日、日本軍は真珠湾（パールハーバー）を急襲して、アメリカ太平洋艦隊をあっという間に全滅させ、その二日後には、マレー沖海戦で英国の戦艦「プリンス・オブ・ウェールズ」と「レパルス」を撃沈する。当時の日本の様々な資料を調べてみると、我が海軍は日本人ですら恐ろしくなるほど強いと一様に記している。余りの強さに日本人自身が唖然《あぜん》とするほどだった。

更に、南方侵攻作戦も順調に進み、予定よりも一カ月早く、僅《わず》かに三カ月で大成功。これほど物凄い勝ちっぷりはないというわけで、昭和十七年、即ち一九四二年の初め頃は日本全国が戦勝気分で一杯であった。

真珠湾奇襲成功に対する日米の反応

だが、日本と違って戦史の研究を重んじるアメリカ海軍は、開戦直前の奇襲攻撃が日本海軍の常套手段であることに、ずっと以前から気付いていた。地図を見れば、日本軍のその目標はハワイ真珠湾であることが必然的に結論される。日本人の行動様式を割り出し、日本軍の航空母艦の動きを研究した結果、日本海軍が実際に行なった真珠湾奇襲攻撃を正確無比に予測していたのだ。

マレー沖海戦。日本海軍機から攻撃を受ける「プリンス・オブ・ウェールズ」と「レパルス」

連合艦隊司令長官・山本五十六海軍大将

連合艦隊司令長官・山本五十六《いそろく》大将が真珠湾奇襲を強硬に主張したのは、通常の作戦では到底アメリカに勝ち目はないと判断したからである。軍令部（海軍参謀本部）は、余りにも成功の確率が低い無謀極まりない作戦であると猛反対したが、結局、山本長官に押し切られる形となった。

昭和十六年十一月二十六日に千島列島エトロフ島ヒトカップ湾を出撃した機動部隊（第一航空艦隊）の司令長官・南雲《なぐも》忠一《ちゅういち》中将は「ハワイ空襲を成功させるなんて不可能だ」と呟き、山本長官自身、「全滅の可能性を覚悟しなければならなかった」と認めている。

真珠湾奇襲作戦の信じ難いほどの成功は、六〇隻もの大艦隊が何者にも発見されず、四〇日間に及ぶ五五〇〇キロの航海を続けてハワイ水域に入ったことを始め、奇蹟の連続によるものだった。しかも、「アリゾナ」「オクラホマ」「ウェストバージニア」「カリフォルニア」の戦艦四隻を撃沈。戦艦「メリーランド」「テネシー」「ペンシルバニア」を中破という目も眩《くら》むような大戦果をあげ、「トラ！トラ！トラ！（我奇襲に成功せり）」の暗号を発信して大艦隊は帰った。

日本機動部隊の奇襲に備え、不完全な警戒体制下における厳重な哨戒《しょうかい》（敵の攻撃に備えて見張りをすること）に疲れた米兵の「ジャップ」に対する蔑視《べっし》からくる油断もあったが、日本人が真珠湾を奇襲し、米太平洋艦隊を全滅させたとのニュースは、当時のアメリカ人にとって「火星人の地球襲撃」より信じ難いものだった。実は日本の外務省官僚の信じられない職務怠慢から「宣戦布告」の通達が遅れ、結果的に「騙し討ち」となってしまったのだが、この開戦時の経緯を知る由もないアメリカ国民は反日感情に燃え盛り、アメリカ国民の戦意は高揚することとなった。

一方、真珠湾奇襲大成功とマレー沖海戦の大勝利に、日本国民は常軌を逸するほど熱狂した。山本五十六連合艦隊司令長官は「勝って兜《かぶと》の緒を締めよ」と厳しく訓示したが、国民は聞かなかった。機動部隊は英雄として凱旋《がいせん》し大歓迎を受けた。「勝って驕《おご》らず」と言うは易いが実際は不可能に近い。日本人は思いがけない大勝に国を挙げて正気を失ってし

戦艦「大和」の雄姿

まったのである。
付け加えておくと、真珠湾奇襲は無意味な攻撃だった。山本提督がハワイ海戦を計画し強行したのは、戦艦比率がアメリカの六割に過ぎなかったため、通常の作戦では到底アメリカに対する勝ち目はないと判断したからである。
しかし、黛《まゆずみ》治夫《はるお》大佐の調査によって日本の戦艦主砲の命中率は米戦艦の約三倍であることが既に判明していた。猛訓練の成果による我が戦艦の砲力はアメリカよりも遥かに高かったのである。様々な要素を勘案すれば日本戦艦部隊の砲力はアメリカ海軍の約六倍。戦艦「大和《やまと》」も完成していたから日米戦艦決戦でも必ず日本は勝っていた。従って航空機による真珠湾攻撃は必要がなかった。
日本海軍の実力についてそれだけの情報があった

にも拘わらず、山本五十六大将の耳には届いていなかったのである。

ミッドウェー海戦における惨敗

日米の形勢が逆転したのはミッドウェー海戦である。この戦いこそ大東亜戦争の転機であり、ミッドウェー海戦における大敗北を機に日本の運命は急激に傾いていった。

その背景にドーリットル空襲があった。昭和十七年（一九四二年）四月十八日、米航空母艦ホーネットから発進したドーリットル中佐（当時）率いるB25一六機が、東京・名古屋・神戸などを爆撃した。

被害は微少といえるものであったが、実はこの空襲は山本五十六司令長官の心理に絶大な影響を与えた。日本は連戦連勝だったので、山本五十六といえば当時は神様のような存在であり、また本土（本州、内地）の防空に絶対的な自信も持っていると、海軍は宣伝していた。にも拘わらず帝都・東京を空襲されるとは何事か。大狼狽《ろうばい》した山本長官はアメリカ航空母艦が二度と日本を襲えないように、北のアリューシャン列島と南のミッドウェー島を取ってしまおうと考えた。

これはまったくバカらしい考えである。ミッドウェーやアリューシャンから日本まで飛んでこられる航続距離（航空機が一回の積載燃料で航空を続行出来る距離）のある飛行機など、その当時は一機もなかった。そんな島を取った所で仕方がない。しかし、攻めるのであれば全兵力を挙げてミッドウェーに向かうべきであった。

ところがミッドウェーと同時にアリューシャン列島にも航空母艦「龍驤《りゅうじょう》」「隼鷹《じゅんよう》」を中心とする部隊を向かわせ、ダッチハーバーを空襲し、アッツ島、キスカ島を占領した。これは実に無駄な作戦だった。

陽動作戦だったといわれるが、陽動作戦というのは敵を誘《おび》き寄せるためのものである。だが、ダッチハーバーにはアメリカの援助部隊は一隻も来なかった。米軍は全力を挙げてミッドウェーに来るはずだからそこで全滅させればよかったのだ。

アッツ島もキスカ島も戦略的に無意味な島なのだから、直《ただ》ちに撤退すべきだった。間抜けなことにいつまでもグズグズしていたため、翌十八年、アメリカ軍が一個師団を上陸させてしまった。大本営はアリューシャン列島放棄を決定。アッツ島を守っていた山崎保代《やすよ》大佐の部隊は一個連隊（約二千数百人）で救援艦隊もなく、米一個師団（約二万人）相手では戦いにもならず、同年五月二十九日玉砕。キスカ島守備隊は翌々月の七月、辛うじて撤退

(上)アッツ島。1943年5月29日、山崎保代大佐以下約2700名の日本軍守備隊が玉砕。生還者は僅か30名足らずだった（下)キスカ島とアメリカ駆逐艦。アッツ島玉砕後、キスカ島守備隊は救出される(1943年7月)

に成功し、木村昌福《まさとみ》少将率いる第五艦隊に救出された。

全く戦争のやり方が間違っていたと言える。アリューシャンなど占領しても何にもならない。ここは「龍驤」「隼鷹」も戦闘機を積み、補助空母としてミッドウェーに向かうべきだった。意志と力の集中（concentration of will, and concentration of force）という大原則を破ったものだから、ミッドウェー海戦（昭和十七年六月五日）ではドーントレス急降下爆撃機（機首を下に向け急角度で高空から降下して爆弾を落とす飛行機）による四〇〇〇発の爆弾に、日本の航空母艦「赤城《あかぎ》」「加賀《かが》」「蒼龍《そうりゅう》」はあっという間に撃沈されてしまった。

アメリカ機動部隊に先に発見された南雲忠一中将率いる我が機動部隊は、急遽米陸上陣地攻撃用の爆装を雷装（魚雷）に切り替えた。第二航空戦隊司令官・山口多聞《たもん》少将は爆装のまま攻撃隊を発進させるべしと具申《ぐしん》したが容れられなかった。その結果、その間にキティホーク爆撃機にいいように攻撃されてしまった。

もし山口少将の意見が受け入れられていれば、歴史は大きく変わっていただろう。山口少将は唯一隻残った空母「飛龍《ひりゅう》」を駆って果敢に反撃し、米空母「ヨークタウン」を撃破したが、その後、集中攻撃を受けて沈没。名将・山口提督は自ら進んで艦と運命を共にしたのである。こうしてミッドウェー海戦は、それまで破竹の勢いだった日本の運命を変える

日本の航空母艦。上から「赤城」「蒼龍」「加賀」

空母「飛龍」

戦いとなった。
そもそも、あの時点では日本の戦力のほうが圧倒的に優勢であったから、航空母艦は後ろに隠しておいて、戦艦にミッドウェー島を攻撃させるべきだった。それだけでミッドウェーは十分に弱ったはずだから、そこで陸軍部隊を上陸させればよかった。
にも拘わらず、戦艦は航空母艦の後ろにいた。それが愚かであった。戦艦が何より大切で沈められてしまったらもったいない、という考えがどうしても頭から抜けなかったのである。しかし、アメリカには戦艦が余りなかったのだから沈められるはずもない。
アメリカの機動部隊、といってもあのとき航空母艦は「ヨークタウン」の他に「エンタープライズ」「ホーネット」の計三隻しかなかったのだが、日本戦艦のミッドウェー攻撃を放っておくわけにはいかない。とはいえ、アメリカの急降下爆撃機が全て日本戦艦の攻撃に回って如何に爆弾を落とそうとも、日本の戦艦の装甲は貫徹できないからどんなに攻撃されても影響はない。機動部隊が何もしなくてもミッドウェーを占領できたのだ。それを思い付かない山本五十六は愚将である。

山本五十六という司令長官は非常に戦争知らずで勉強不足だった。戦艦についても航空母艦についても、大事なことは何も知らなかった。あの戦争においてさほど重要ではなかったミッドウェーに日本軍が固執したのは、東京空襲に山本長官が取り乱してしまったからに他ならない。

アメリカ軍の反攻

ここから太平洋の島々をめぐる日米の戦いがエスカレートした。日本海軍はソロモン諸島のガダルカナル島に飛行場の建設を開始していたが、完成直前の八月になってアメリカ軍が上陸し占領してしまった。

あんな島は取られたところで放っておいてもどうということはないのだが、どうしたわけか、日本海軍は航空兵力の殆どをソロモン諸島に集中させ激烈な航空戦が何回も繰り広

日米開戦当時に無敵を誇った空の王者、海軍零式艦上戦闘機(零戦)

げられた。

一機が米戦闘機の三～五機に匹敵するといわれた零戦の威力は圧倒的だったため、その当時は多くの戦闘で日本が優勢であったが、日本の熟練した操縦士も数多く戦死していった。敵機六十四機を撃ち落とした零戦の撃墜王、坂井三郎一飛曹(当時)もガダルカナル上空で重傷を負い、生死の境をさ迷いながら超人的な意志と操縦能力とでラバウル基地へ奇蹟の生還を果たすものの、失明の恐れがあったため内地へ送還されてしまう。

アメリカ側の戦死者も甚大だったが、湖上で訓練ができるアメリカでは飛行士の養成は比較的容易であったため、新たな飛行士を続々と誕生させることができた。ところが、日本では育成が遅れ、開戦当初こそ少年航空兵から育成された優秀な飛行士が沢山いたものの、戦争が進むにつれ両国の飛行士には練度において格段の格差ができてしまった。

「大空のサムライ」坂井三郎海軍一飛曹

また日本ではどうしたわけか、戦争が始まっても航空母艦を殆ど造らなかった。ところが、アメリカでは一九四三年、即ち昭和十八年頃からエセックス・クラスという最新式の航空母艦が続々と造られてきた。こうして、日米は完全に攻守ところを変えていったのである。

それでも、日本の航空兵力は世界一だったため、日本海軍はまだまだ強かった。十月二十六日にソロモン海域で行なわれた南太平洋海戦において「ホーネット」を撃沈、「エンタープライズ」を中破。アメリカを威圧せしめるほどの圧勝だった。その頃は太平洋上に浮かんでいる航空母艦が掲げているのは悉《ことごと》く旭日旗《きょくじつき》ばかり。ところが、昭和十九年（一九四四年）におけるマリアナ沖海戦で、日本は最大の打撃を被ることになったのである。

戦局を変えたマリアナ沖海戦の「アウトレンジ戦法」

昭和十八年後半から中部太平洋における攻勢を本格化させたアメリカは、翌年六月、マリアナ諸島のグアム、サイパン、そしてテニアンに大艦隊で押し寄せてきた。日本は今度こそアメリカ艦隊を全滅させせんと、「あ」号作戦（マリアナ沖海戦。マリアナ諸島沖とパラオ諸島沖で行われた、日米両軍の航空母艦戦）でこれを迎え撃った。

しかし、日本の上層部は戦争というものを知らなかった。マリアナ方面の海軍最高指揮官に任命されたのは航空戦の最高権威者と言われる小沢治三郎《おざわじさぶろう》中将である。しかし、これは小沢中将の初陣《ういじん》であった。艦隊の司令長官にも初めから名提督はあり得ない。何回も経験を積んでこそ大提督になり得るということを上層部は知らなかった。

小沢提督の失敗は「アウトレンジ戦法」を採《と》った事である。これは、敵の弾丸が届かないところからこちらの弾丸を敵に命中させるという戦法である。我が航空母艦は安全、敵の航空母艦だけが猛攻撃を受ける。飛行機の場合でいえば、敵の飛行機が飛べない距離からこちらの飛行機を飛ばすのである。

名案のように思えるけれどもこれはとんでもない愚策であって、勝利というのはそういう消極的腰抜け戦法で得られるものではない。それが初陣の提督には分からなかった。

日本の雷撃機（魚雷を海面に発射する装置を備えた飛行機）はアメリカの雷撃機よりも航続距離が長かったので、小沢提督はアウトレンジ戦法が採れると思っていた。アメリカの雷撃機の攻撃圏外から日本の雷撃機が飛び立つ。これで日本海軍の圧勝は疑いなし、と考えたが、そのころにはもうソロモンの大激戦で日本の腕利き戦闘員は殆ど戦死してしまっていた。

その結果、日本の艦載機搭乗員の練度がかなり低くなっていたのに対し、アメリカでは良く訓練された操縦士が次々に送り込まれたため、せっかく米雷撃機の航続距離外から飛んだ日本の雷撃機も、グラマン戦闘機に大部分が撃墜されてしまった。

更に米海軍は高度なレーダーを装備し、飛行機を感知して炸裂する対空砲弾（ＶＴ信管）で日本の攻撃隊を迎撃した。ＶＴ信管は米軍の新兵器であったが、日本軍は新兵器であることにも全く気付いていなかった。

成す術《すべ》もなく、マリアナ沖海戦で日本は大敗北を喫する。サイパンとテニアンもあっと

マリアナ諸島近くで撃墜された日本軍機。米のVT信管、レーダーを前に“マリアナの七面鳥射ち”と形容されるほど日本の攻撃隊は次々に撃ち落とされていった

いう間に陥落。サイパン島の日本軍は「バンザイ突撃」を最後に玉砕。本部をサイパン島に置く中部太平洋方面艦隊司令長官を命じられていた南雲忠一中将もこのときに戦死した。

日本が敗色濃厚となったのはこのマリアナ沖海戦からである。特に、サイパンとグアムに新型爆撃機B29の滑走路が建設されたのは日本にとって致命的だった。

若い読者の方々はご存じないだろうが、「超空の要塞（スーパーフォートレス）」と呼ばれたB29は、当時としては非常に巨大な飛行機だった。両翼までの長さ（全幅）は四三メートル、全長三〇メートル。今からいえば小さいかもしれないが、そ

製造されるB29。一機造るのに約60万ドルかかった

の頃としては想像を絶する大型機だった。二二〇〇馬力の発動機を四基積んで、爆弾搭載量最大九トン、時速は五五〇キロ、航続距離およそ五〇〇〇キロ。サイパン島から飛び立って悠々と東京を大空襲していける性能を持っていた。高度一万メートルという高空を飛ぶので、日本の戦闘機は追い付くだけでも容易ではなかった。

しかし、日本にも熟練の飛行士が僅かながら残っていた。二〇ミリ機関砲で四八五機ものB29を撃墜している。これは奇蹟のようなことであるが、日本側も必死だったためにそういうことが可能だった。

B29を四八五機も落とされたアメリカは大恐慌に陥った。B29は普通の飛行機ではない。

一機製造するのに当時の金で六〇万ドル以上かかる。沢山撃墜されればアメリカでさえも破産してしまう。

サイパンから日本本土を空襲するには長距離飛行を余儀なくされる。被弾したりエンジンが故障したならば帰還途中で不時着せざるを得ない。爆撃機より航続距離の短い戦闘機P51を護衛につけることも難しくなる。考えた結果アメリカが出した結論は、サイパン島から約一三八〇キロ、東京まで約一二五〇キロ、沖縄まで西に約一三八〇キロの海上に浮かぶ硫黄島をB29の中間基地にすることだった。

第2章　栗林中将の独創

栗林忠道中将、硫黄島に進出

東京から南へ一〇〇〇キロの北太平洋上に点在し、父島・母島を中心とする小笠原諸島から南へ、さらに二七〇キロの位置にある硫黄列島は、北硫黄島、硫黄島、南硫黄島から成る。

林子平《はやししへい》が天明三年（一七八三年）にすでに説いているように、小笠原は海防上の要衝といえる位置にある。昭和八年、海軍は硫黄島に戦闘機用飛行場を仮設。十四年四月に父島に海軍航空隊を新設した。十六年七月には第五艦隊（珊瑚海海戦で活躍）が新設され、小笠原諸島、硫黄島、更に硫黄島の東約一二八〇キロの洋上にある南鳥島の防衛にあたっていた。

ミッドウェー海戦の敗北とガダルカナル島からの撤退により太平洋において守勢に追い込まれた日本は、太平洋諸島・小笠原方面に陸軍部隊を増強した。しかし、マーシャル諸島の日本陸海軍守備部隊が十九年二月五日に玉砕。トラック島が急襲され、マリアナ諸島に対しても空襲が始まった。この危機に対処するため、中部太平洋方面の陸軍部隊を統括する第三一軍が新設され、硫黄島を小笠原地区における重要航空基地とし、難攻不落の要塞とすることを目指した。

軍司令官・小畑英良《おばたひでよし》中将は、米軍が攻めてきた場合は洋上で撃滅することを目標とし、上陸を許した時には徹底した水際配備による水際撃滅を行なう方針だった。これは陸軍、海軍を問わず日本軍の常套手段である。上陸部隊の弱点は洋上と上陸前後にあり、というのがその根拠である。特に陸上と海上に兵力が二分し、まだ十分な戦闘態勢に入っていない上陸時に水際でこれを狙い撃ちし、撃滅するのが最良の方法とされていた。

栗林忠道中将（昭和18年撮影）

父島要塞司令官・大須賀《おおすが》応《こたう》少将はこの第三一軍の命令のもと、厚地《あつち》兼彦《かねひこ》大佐を長とする伊支《いし》隊四八八三名を硫黄島に送り、水際作戦のための強固な陣地を海岸に構築せんとした。硫黄島には既に海軍の和智《わち》恒蔵《つねぞう》中佐率いる硫黄島警備隊がいたが、その主任務は航空基地の防空にあったので、伊支隊の到着により、硫黄島全般の防衛は主と

東條英機首相兼参謀総長

して陸軍が担うこととなった。

戦況の急迫に伴い、この頃の硫黄島は小笠原各地から寄せ集められた様々な部隊が混在し、組織と指揮系統が複雑になっていた。これを纏《まと》めるため、第一〇九師団が編成された。その師団長に親補《しんぽ》（旧制で天皇が特定の官職を親任したこと。特定の官職とは大審院長、検事総長、参謀総長、軍司令官）されたのが栗林忠道中将である。

当時の日本の参謀総長・東條英機大将は、栗林中将に硫黄島行きを命じた時「アッツ島のようにやってくれ」と言った。これは不認識も甚だしい。日本はトップも事情をよく理解していなかったのである。

前述の如く、アッツ島は玉砕する必要などなかったし、硫黄島はアッツ島とわけがちがう。B29の発進地サイパン島と東京のちょうど中間にある硫黄島を取られたならば、せっ

零戦の強敵となったアメリカの戦闘機P51

かくＢ29に損傷を与えても途中で不時着されてしまうことになる。しかも、当時世界で一番強いといわれた戦闘機Ｐ51がついてくる。硫黄島は如何なる犠牲を払おうとも絶対に取られてはいけない島だった。

硫黄島に爆薬を仕掛け「島そのものを吹っ飛ばしてしまえ」という説も出たくらいである。沈めてしまえ、それでいいじゃないか、と。しかしその当時、日本には島一つ吹き飛ばす爆薬など既《すで》になかった。だから、何としても死守しなければならない、ということになったのである。東條は絶対的な権力を持つ首相兼参謀総長だったにも拘わらず、アッツ島と硫黄島の違いすらわかっていなかった。

開戦責任こそ東條には問えないが、戦争末期にバカな作戦ばかりをやっていた責任は大きい。しかし唯一、栗林中将を小笠原方面総司令官に任命したことだけは

昭和19年11月26日、硫黄島で指揮を執る栗林中将。左は参謀・中根中佐

正しい判断だったと言える。

栗林中将（師団長）は昭和十九年六月、父島に到着した。師団司令部は小笠原の通信・補給の中枢である父島に置かれることになっていた。ところが、栗林中将は実際の戦場となる硫黄島で自ら指揮を執るべく司令部を硫黄島に移した。

普通は激戦が行なわれる前線から逃げ出したがる指揮官が多いのだが、栗林中将は違ったのである。マッカーサーですら日本軍がフィリピンを猛攻撃した時、「アイ・シャル・リターン」と捨て台詞《ゼリフ》を残してコレヒドール島からオーストラリアに逃げてしまった。激戦が始まりそうになれば最高指揮官は逃げる。これが慣例だ。ところが、わざわざ前線に赴いて、「予は常に諸子の先頭に在り」と自ら部下と困苦を共にしながら指揮するというのだから、それだけでも非常に異例である。兵隊が、それこそ神の如く栗林中将を慕ったというのは納得出来る。

父島に居た日本軍は、硫黄島で仲間が戦っている間結果的にただ手をこまねいて見ていなければならなかった。日本に制海権がないのだから駆けつけて応援するわけにもいかない。大本営は栗林中将に「父島に残ればいい」とまで言ったのだが、それを断って硫黄島に乗り込んだのは大変な決意であった。

フィリピンのコレヒドールにおける日本軍と降伏するアメリカ兵

栗林中将は他にも驚くべき事を幾つか断行している。昔の日本軍では、将校と兵隊は食べ物からして違った。ましてや、師団長と一兵卒が同じものを食べるなど考えられることではない。それを全く平等にした。今で言えば、社長と新入社員が同じ月給を取るよう

昭和19年8月、硫黄島。中央で椅子に座っているのが栗林中将（当時53歳）

なものだ。日本でも考えられないことだが、ましてアメリカでは絶対に考えられない。

更に、栗林中将は一人ひとりの兵隊に親しく声を掛けて接していたため、全兵が師団長である彼の顔を知っていた。アメリカ軍が捕虜に「栗林はどんな顔をしているのか」と聞いたところ全員が答えられた。これには米兵も驚いてしまった。アメリカですら、師団長の顔を下っ端の兵隊が全員知っているなどということはあり得なかった。

孤立する硫黄島

栗林中将が硫黄島に赴くのとほぼ時を同じくして、アメリカ軍のサイパン上陸作戦が開始され、硫黄島も空襲に見舞われた。これに反撃するため、中島正少佐を隊長とする横須賀海軍航空隊・八幡部隊の零戦約三〇機が救援のため硫黄島に向かった。右目が失明に近い状態であった坂井三郎飛曹長（当時）もその中にいたが、八幡部隊は物量で押し寄せてくる米戦闘機グラマンに苦戦を強いられた。

七月には横須賀海軍航空隊の指揮官・三浦鑑三《かんぞう》大佐から、零戦九機、天山《てんざん》艦攻《かんこう》（艦上攻撃機）八機のみでアメリカ機動部隊に体当たりせよ、との特攻命令が出た。やられっ放しのままでは横須賀海軍航空隊の名折れ。つまりはただのメンツを守るためだけの特攻だった。搭乗員たちも無茶だとつぶやいたこの作戦は、途中で敵機五〇機に遭遇して交戦したものの敵艦隊は発見できず、坂井機とその列機ほか一機の零戦計四機が辛うじて帰還。天山一機が南硫黄島の海岸に不時着という空しい結果に終わった。更に、米軍の空襲により戦闘機がほぼ壊滅し、坂井飛曹長は故障機を駆ってグラマン四機と交戦したほどだった。結局、八幡部隊は乗る戦闘機もなくなり、一式陸攻で三々《さんさん》五々《ごご》内地へ帰還した。

更に、サイパンの戦況悪化によって第三一軍の小笠原守備隊指揮が不可能となり、硫黄島に大本営直属の小笠原地区兵団が置かれ、栗林中将は一〇九師団長と小笠原地区兵団長を兼務することとなった（兵団というのは正式な名称ではなく、正確には一〇九師団）。それ

フィリピン・レイテ島に"アイシャルリターン"を果たしたマッカーサー（1944年10月）

から日を置かずしてサイパン島が玉砕。七月十八日には東條内閣が総辞職した。その後、大命降下《たいめいこうか》は米内光政《よないみつまさ》と小磯國昭《こいそくにあき》の二人にあったが、最終的に小磯國昭が首相となった（米内は一九四〇年〔昭和十五年〕に組閣していたが、日独伊三国同盟に反対したため陸軍により辞職に追い込まれた）。

栗林中将は連合艦隊が援軍に必ず来てくれると思っていた。マリアナ海戦で連合艦隊が致命的打撃を受けたことは日本でも発表がなかったし、アメリカでさえもまさかそこまで打ちのめしたとは思っていなかった。総指揮官の栗林が連合艦隊壊滅を知らなかったなどというバカなことがあるのか、と思われるだろうが、大本営は戦局の実態を必ずしも正確には伝えていなかった。海軍と陸軍の繋がりはそれほど希薄だった。日本においては陸海軍は全く違った共同体であるため、機密は外部の者には教えないという事だった。

六月二十日に父島から硫黄島を訪れた小笠原地区兵団参謀・堀江芳孝陸軍少佐から、栗林中将は初めて「あ」号作戦（マリアナ沖海戦）の失敗を聞き、「連合艦隊すでになし」との報告を受けた。硫黄島第二七航空戦隊司令官・市丸《いちまる》利《り》之《の》助《すけ》少将からも「戦局挽回の海軍力がなくなりまして、申し訳ない」との謝罪があった。ここに至り、栗林中将は玉砕を覚悟する。これは勝つ必要のない戦いだ。一日でも長く米軍をこの島に足止めし、徹底抗戦するしかないと考えた。

そこで、栗林中将は進行中だった水際陣地の構築を止めさせ、天然の洞窟と人工の坑道からなる地下壕を建設し、地下陣地から米軍を迎え撃つことにしたのだった。

栗林中将の要請

それでは、当時の硫黄島はどんな有様であったのか。

昭和十九年八月九、十日の両日、大本営から陸海軍部作戦本部長、真田《さなだ》穣《じょう》一郎《いちろう》、中澤《なかざわ》

佑《たすく》両少将が視察のため硫黄島に派遣された。その時の栗林中将の防備状況の説明と要請を真田少将が日誌に書き留めている。それに曰く、

一、硫黄島には現在戦闘機が一〇機、中攻（九六式陸上攻撃機）が三機あるだけで、私が東京を出るときは戦闘機四八、中攻四八機を置くと聞いたが、こんなことでは哨戒《しょうかい》（敵の攻撃に備えて見張りをすること。哨戒機、哨戒艇がある）もできない。

二、硫黄島は、島の周囲に我が機動隊が存在することにより、初めて同島を含め二、三隻の母艦とみなすことができる。今のままでは無意味である。

三、飛行場に直接配備するだけの兵力はない。故に飛行場は砲兵で制圧。敵に使わせない。

四、十二～十三門の二連装機関銃を使っている。全部で二五ミリ二連装機関銃一六〇門あまり出ている。（歩兵）大隊は、小隊に軽機関銃が二挺ずつしかない。

五、SB艇（八〇〇～一〇〇〇トンクラスの海軍輸送船）三五隻が父島との間に欲しい。父島と硫黄島との間に漁船でも機帆船（発動機付きの帆船の略）でも是非出されたい。糧秣《りょうまつ》だけでも（父島には）完全に一年半分あるのに、こちらには五〇日分しかない。父島まで送り込んで帰ってしまうのはいけない。重、軽機関銃を空輸されたい。軽機二五

〇、重機一六〇を送ると約束したのに、その四分の一しか父島に着かぬ、軽迫撃砲《けいはくげきほう》（口径が大で砲身が短い軽便な火砲）も是非欲しい。

六、歩兵学校から二五人優秀な幹部を、また工兵学校から五人貰ったが、これが最近何よりもありがたいことである。兵隊が活きてきた。（陸士の）一九期や二四期（五五〜六〇歳）の大隊長はだめ。五三期（二四〜二五歳）の大隊長は大したものである。

七、七月四日の米機動部隊が一・五師団位で来航したら、持久度は一週間か一〇日位しかない。

八、（陣地構築）工事は三分間交替で、一メートル以上掘り下げると褌《ふんどし》一つで汗ダクダクである。（華氏）九〇〜一二〇度の熱さである。

九、六月初めから酒も甘味品もない。海軍は酒保や酒の増配があり、小さな島の中であまりにも差がひどすぎるのはよくない。

十、堀江（芳孝）参謀は父島本位の報告をするだろうが、米軍は先に父島に来ることはない。硫黄島を手に入れてから父島に来るだろう。聟《むこ》島は戦闘機の発着可能な飛行場が米軍の機械力ですぐできるので、父島以上に大事。母島も大事であるが、米軍の機械力でも三カ月以上かかる。米軍としては硫黄島をとり、聟島をとり、最後に父島の泊地《はくち》の

火山灰の岩を削って作った日本軍のダミー戦車

順に攻略するであろう。

兵器と食料、それに人材の不足、海軍と陸軍との差、父島との輸送連絡の不徹底を栗林は指摘している。

実は海軍の食糧のほうが陸軍よりいいのは当然だった。軍艦で出て行くのだから、なるべくいい食べ物を詰め込む。それに比べて陸軍は野に伏し、たとえ木の根草の実を齧《かじ》っても頑張らなくてはならない。食糧が桁外《けたはず》れに違うのだから、陸軍と海軍の仲が悪いのはどこの国の軍隊でも同じことである。ところが、硫黄島では全将兵が同じものを食べて苦労を分かち合おうと栗林は決めたのだった。船がなければ漁船を使ってでも、父島と同じだけの食糧を硫黄島に届けろというのは当然の要請だった。

父島本位の堀江参謀の報告を鵜呑《うの》みにせず、最前線である硫黄島を優先させよとも言っているから、硫黄島で自ら果敢に指揮をとる栗林中将は、父島で後方補給の任にあたる堀江参謀を信用していなかったと思われる。堀江少佐は第三一軍参謀だったが、パラオにもサイパンにも赴任《ふにん》が遅れ命拾いをしていた。大本営陸軍部に硫黄島を爆薬で沈めることを具申したのも堀江少佐である。

全員地下に潜るべし

硫黄島は全体が平坦で、南端に摺鉢山《すりばちやま》が盛り上がっているだけの単調な地形の島である。摺鉢山に登れば全島が見渡せる。谷もなければ逃げ場もない。一日でも生き延びて相手を倒すには、穴を掘って地下に潜る以外には戦いようがないと、栗林中将は摺鉢山山頂で考えたに違いない。

前述したとおり、それまでの日本軍は、島において水際で敵の上陸を迎え撃つ水際作戦しか採ってこなかった。軍隊では従来の考え方を変えることは難しい。口で言うのは簡単

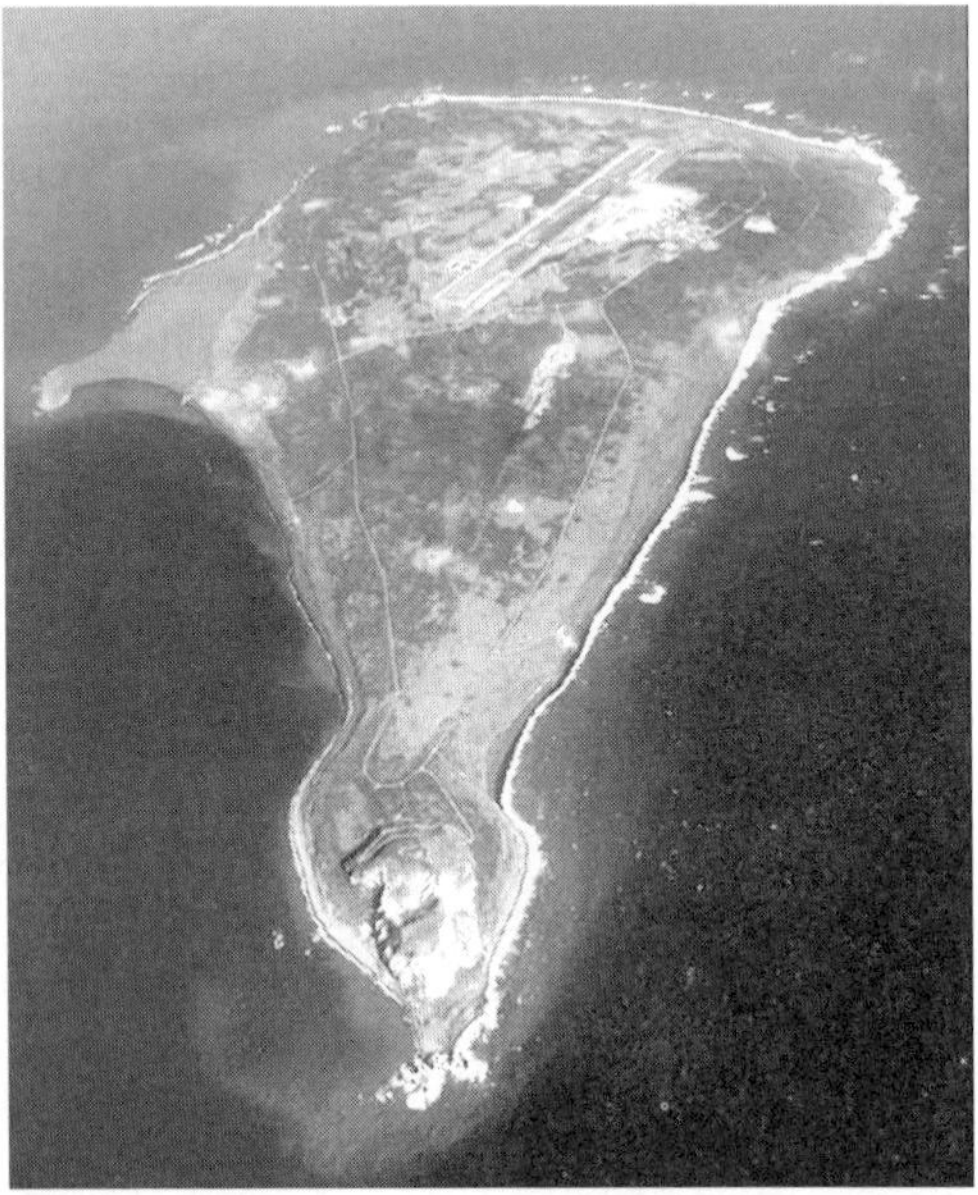

戦後の土地隆起によって釜岩（左端）と陸続きになった現在の硫黄島。手前に見えるのが摺鉢山。向かって右手が米軍の上陸した南海岸

だが、今までの習慣を一変するというのは容易なことではない。「水際撃滅」を主張する海軍は、当然、栗林中将の作戦に猛反対した。しかし、圧倒的に優勢なアメリカ軍と戦うには地下から攻撃するしかない。過去の歴史上の教訓を範とし、それを断行した所に栗林中将の偉さがある。

　例えば、ベトナム戦争におけるベトナム軍は地下に潜って地上のアメリカ軍と戦争をし、小国にもかかわらず米軍に圧勝した。同じようなことはそれまでにも幾つかあり、日本軍も知っているはずだった。トーチカ（Tochka）という言葉があるが、これは英語でもなければドイツ語でもない。ロシア語である。ソ連が支那事

擂鉢山からは島が一望できる。手前に見える丸い箇所が、かつて星条旗が立てられたポイント。向かって左が西海岸、右が米軍が上陸した南海岸

変の時中国にトーチカ構築を教え、この戦法で日本軍と戦うことを指導したのである。その時日本軍は中国軍とは比較にならないほど強かったが、上海においては中国のトーチカが大いに功を奏した。一方、トーチカのない南京は日本軍が杭州湾《こうしゅう》に上陸して僅か一カ月後に陥落してしまった。兵力としては大差があったが、トーチカの中で戦えば三カ月ほど持ちこたえられた。栗林中将もそれを硫黄島で生かしたのである。

一九四三年（昭和十八年）にはドイツとソ連との間でクルスク大会戦が起こった。スターリングラードでソ連軍に敗れたとはいえ、当時のドイツ軍は依然として世界最強だった。そしてスターリングラードでの

敗戦後も、何回かの会戦でソ連軍を破っていた。スターリンもチャーチル英首相も、独ソ戦はソ連が負けてしまうかもしれないと考えていた。そこでヒットラーは、このチャンスにモスクワを落としてしまえとばかり、大軍を集結してモスクワに攻め込もうとした。それに対してソ連のジューコフ元帥は、クルスクにおいてソ連の戦車部隊を全て地下に隠し、地上のドイツ軍戦車を迎え撃った結果、大勝利を得た。このクルスク会戦が、スターリングラードでの戦い以上に独ソ戦の趨勢《すうせい》を決定したのである。

サイパンやテニアンでは日本軍にまだ自信があり、地上でアメリカ軍を撃滅できると考えていた。ところが、いざ地上で戦ってみると日本軍には戦車はなく大砲も小さい。勝負にならず、あっという間に玉砕した。

栗林中将はその前例をよく知っていたために、海岸に陣地を置かず総撤去させ、地下陣地を掘ってそこから地上の米軍を撃つ、という作戦を発明した。これは栗林中将の独創であり、その後の歴史によって全く正しい戦法だということが証明された。有史以来の戦争の歴史からみても、上海事変、クルスクの戦いと並んで、硫黄島の戦闘は決定的な重要性を持っている（後のベトナム戦争も地下からの戦いで地上のアメリカ軍に勝った）。

東條首相もそれに気付いていなければならなかった。サイパンで、地上決戦によりアメリカ軍を撃滅するなどということはあり得ないと理解しなければならなかったのに、理解していなかった。そしてサイパン隊は全滅する。

この頃、幸いなことに東條首相が辞職し小磯國昭内閣が誕生する。参謀総長は梅津美治《うめづよしじ》郎《ろう》大将になった。栗林中将は「私は大本営の命令など聞かない。自分が一番いいと思うようにやるが、それでもよろしいか」と言った。梅津参謀総長は東條ほどの自信家でなかったために、いけないとは言えず「ああ、それでよろしい」と答えた。そしてあの画期的な大作戦が実行できた。

非常に残念なのは、栗林中将を中部太平洋方面最高指揮官に任命して、早くからサイパン島を守らせるべきだったということ。サイパンのほうが硫黄島より遥かに大きく、一四〇メートル以上の山がそこら中にあって水も豊富だ。地下陣地を作って戦うにはずっと適していた。栗林中将を最高指揮官にしていればサイパンもテニアンも失われることなく、米軍に大損害を与えて日米戦争は果てしない長期戦になっただろう。

ところが現実には、サイパン島の最高司令官はあの真珠湾攻撃の南雲忠一海軍中将だった。海軍の軍人としては偉い人だが、陸については何も知らない。そもそも海軍の司令長官をサイパンの総指揮官に任命するなど可笑《おか》しな話である。陸軍でさえ思いつかない地下壕作戦を、海のことしか知らない人間が絶対に思い付くはずもない。栗林中将を抜擢《ばってき》してさえいればと悔やまれる。

奇蹟の地下壕

地下陣地の構築にあたっては内地から専門の技師が呼ばれた。通気を良くするための方法を教え、火炎や弾丸の貫通を避けるために通路を途中で直角に曲げる工夫などの指導にあたった。

それにしても、あれだけの悪環境と限られた時間のなかで地下陣地を掘るくらい困難なことはない。戦闘訓練と陣地構築作業は七対三の割合で行なわれたが、守備隊にはもう穴を掘る機械も何もなかった。人間がツルハシと手で掘るしかない。しかも硫黄島は火山島である。地下の温度は物凄く熱く、摂氏五〇度以上にも達する。更に硫黄ガスが噴き出す。地下壕を掘る作業は三分から五分おきに交代しなければならなかった。一日に一メートル、発破をかけて二メートル掘り進むのがやっとである。掘り出した土は傍らにボタ山のように積み上げておいては上空から敵機に発見されてしまうため、リレー方式で運び出して夜陰に紛れ海に捨てたのだった。

また、硫黄島の地盤は砂岩のように柔らかい。多少の振動でも砂崩れが起こるため、一〇メートルほど掘り下げて粘土が固まったような岩盤を探し、そこに突き当るとツルハシで掘った。計画では地下一〇～一五メートルの深さに陣地と陣地を繋ぐ全長二八キロの連絡壕も掘らなくてはならない。物凄い作業量である。

その上、空襲で作業は屢《しばしば》中断。第三飛行場（北飛行場）も建設中だったため、第一飛行場（千鳥飛行場）、第二飛行場（元山《もとやま》飛行場）が被害を受けると、その修復も行なわねばならなかった。

しかし、何よりも苦しいのは水が無い事だ。硫黄島というところには川もなければ、井戸を掘っても硫黄臭く塩辛い水しか出ない。炊事にはこの井戸の水を使ったが、硫黄分とドラム缶の錆《さび》のために飯の色が赤くなり、おまけに硫黄臭がする。おかずは主として僅かな乾燥野菜のみだった。

飲料水は雨水に頼るしかないのだが、硫黄島は高い山がないために雨雲が通り抜けて雨が滅多に降らない。支給される水は一人当たり一日半リットルだった。大切な雨水を貯めた天水槽にはボウフラが涌き、沈積した枯葉のために赤茶けた色をしていた。飲めば必ず下痢をする。

そんな水を飲みながら作業をするため、パラチフス、下痢、栄養失調患者が続出した。硫黄島ではスコールが何よりの楽しみだったのである。

市丸少将は「スコオルは　命の水ぞ　雲を待つ　島の心を　余人は知らじ」と詠んだ。

僅か一〇〇〇名の島民しか暮していなかった島に、二万人余の軍隊が乗り込んでいるのである。日本軍は絶対的な水不足に苦しめられ、「どうせ死ぬのにどうしてこんな苦労をしなければならないのだ」と嘆く者も多かったという。いよいよアメリカ軍が上陸してくるという情報に兵隊達は「万歳」と叫んだ。「これで俺達も死ねる（楽になれる）」という訳だ。死んだほうが楽だというほどの過酷な作業だったのである。

セメントやダイナマイトも足りなかったが、既に補給は望めなかった。飽くまで水際のトーチカ構築を主張する海軍が交換条件として資材提供を申し出たためこれを了承したものの、一二〇〇〇トンのセメントを要求したのに対し、海軍中央司令部から届いたのは僅か三〇〇〇トン。それを海軍と分け合わなければならなかった。

鉄材、木材も不足したために現地で木材を伐採し、周囲の土丹岩《どたんがん》（凝灰岩。主に火山灰が固まってできた岩石）を採掘して使用。一般野戦陣地はセメント不足のためにできるだけ地形を利用して土嚢《どのう》だけで構築した。

栗林中将は地下足袋《じかたび》に杖をついてこれらの工事を視察し、杖であちこちを計測したり細かな指示を与えたりした。それればかりでなく兵隊一人ひとりに親しく声をかけて労《ねぎら》い、時には恩賜《おんし》の煙草を与えたりもした。栗林自身、一日にアルミのコップ一杯の水で洗面と手洗いをし、飲み水も食べ物も一兵卒と全く同じだった。採れたての新鮮な野菜と真水を入れた四斗樽《よんとだる》が大本営から届けられた時には、部下達を呼んで皆で分け合ったという。戦前の日本の軍隊は大変な階層社会で、師団長も一兵卒も同じ待遇というのは考えられないことだったが、栗林中将は最後までそれを実践したのだった。

栗林中将は全将兵に対し、細々《こまごま》とした「師団長注意事項」を通達している。そこには次のような項目があった。


将校ハ兵ノ食事ニ万幅ノ注意ヲ払フヲ要ス　将校ノ分ノミ別ニ炊事シ兵ノ給食カ如何ナル状態ニ在リヤニ無関心ナルカ如キコト断シテアラサルヲ要ス

上官巡視ノ場合　部隊カ工事等ヲ中止シ敬礼スル要ナシ　其ノ場ノ指揮官ノミ現況ヲ報

栗林中将が出入りした師団司令部壕入口

告セハ可ナリ　監視兵等モ亦強ヒテ敬礼ヲ行ハス監視ヲ続行スルヲ主義トスルコト

将校も兵隊と同じものを食べ兵士の栄養状態に気を配ること、そして工事中は上官が見回りに来ても敬礼する必要はないと言うのだ。これは軍隊にあって全く異例の通達である。栗林中将は自ら率先してこれを実行、「予は常に諸子の先頭に在り」と兵隊の士気をあげて合理的かつ効率的に戦闘準備を進めた。

全員が命令に忠実に動いたのは、同じ物を食べ、同じように苦しみ、何時も先頭に立っていた中将への心からの信頼によるものだった。その意味でも栗林中将の統率力は素晴ら

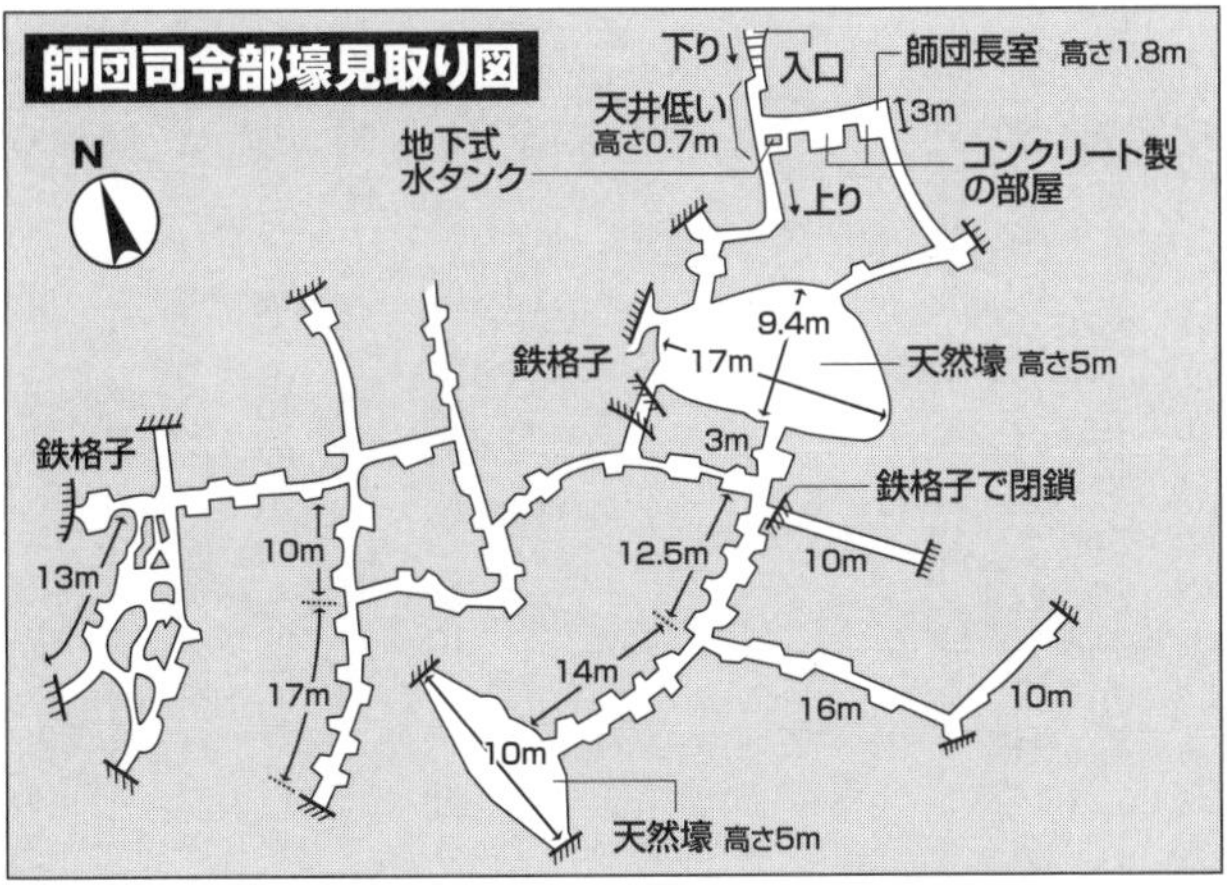

しいものであった。

こうして全将兵挙げての血の滲《にじ》むような困苦の結果、師団司令部壕、各地区隊本部壕ほか地下陣地を構築し、かつ米軍上陸までの僅か数カ月で全長一八・五キロに及ぶ迷路のような連絡地下道を完成させた。補給のセメント、資材は届かず、全島に張り巡らされるはずの地下壕は、目標の二八キロには及ばなかったが、これは全く奇蹟的なことだ。「ドイツ軍の地下防備を凌《しの》ぐもの」と敵の海兵隊指揮官ホーランド・M・スミス中将が驚いた地下壕が、水や食糧、資材や機材など全てが補給を絶たれ、ままならない中で短期間に完成されたのであった。

島の最北部に作られた師団司令部壕（栗林壕）は、幅が普通の大人の両肩が入るくらい、背を屈めてやっと通れる入口が、崖の裾の地面に巧妙にカムフラージュされて造られた。坂道を暫《しば》く下りていくと屈んでも背中をこするほど天井の低い通路が続き、やがてそのまま真っ直ぐに進む道と、左に直角に折れる道との二手に分かれる。

左の道を腰を屈め四つん這いになりながら進むと、頑丈な分厚いコンクリートで固められた栗林中将の執務室に出る。

この先には天然洞窟を利用して掘り広げられた広い作戦会議室がある。そこから更に迷路のような通路が四方に伸びており、治療所や軍医部に繋がっていた。出入り口は一〇カ所あった。

一人十殺

昭和十九年七月、陸軍に軍属として徴用された扶養者なき壮年男子を除く島民が硫黄島からすべて内地に送還され、八月にテニアンが、続いてグアムの守備隊が玉砕して第三一軍司令官・小畑少将も自決。九月に入って米五八機動部隊が空襲と艦砲射撃で硫黄島を激しく攻撃した。硫黄島はいよいよ風雲急を告げる。

米軍は早ければ十月末に上陸作戦を開始すると予想した栗林中将は、十月十三日、次のごとくの小笠原兵団命令を下した。

一、兵団当面ノ情勢、十月末以降何時ニテモ敵ノ上陸ヲ予期セザルベカラザル状況ナリ
二、兵団ハ右情勢ニ鑑ミ十月末ヲ目途トシ、防備態勢ヲ完整セントス
三、各部隊ハ概《オオム》ネ左記各項ニ準拠シ十月末迄ニ各々《オノオノ》其ノ防備態勢ヲ完整スベシ

左記

（1）部隊戦闘計画ニ応ズル如ク陣地施設ノ整備強化特ニ指揮竝《ナラビ》ニ連絡中枢ノ掩護《エンゴ》強化
　主要火器ノ掩体《エンタイ》及交通壕整備等陣地ノ組織化
（2）弾薬糧食水ノ陣内整備
（3）各部隊ノ任務ニ基ク訓練ノ促進
（4）挺進《テイシン》斬込隊及肉攻隊ノ編成竝ニ訓練
四、細部ニ関シテハ参謀長ヲシテ指示セシム

この命令とは別に、栗林中将は「敢闘ノ誓」を作成し、全軍に配布。朝令にあたって兵

士たちはこれを朗誦した。

「敢闘ノ誓」

一　我等ハ全力ヲ奮ッテ本島ヲ守リ抜カン
一　我等ハ爆薬ヲ擁《イダ》キテ敵ノ戦車ニブツカリ、之ヲ粉砕セン
一　我等ハ挺身敵中ニ斬込ミ敵ヲ鏖殺《オウサツ》セン
一　我等ハ一発必中ノ射撃ニ依ッテ敵ヲ撃チ斃《タオ》サン
一　我等ハ各自敵十人ヲ殪《タオ》サザレバ死ストモ死セズ
一　我等ハ最後ノ一人トナルモ「ゲリラ」ニ依ッテ敵ヲ悩マサン

栗林中将は、一人で米兵を十人殺すまでは絶対に死ぬなということを誓わせたのだった。有名な「一人十殺」である。

言い換えれば「斬り込み戦は止めろ」ということである。これも画期的作戦だった。当時の日本軍は直ぐに刀を抜いて突撃する「バンザイ突撃」をよく行なったが、それを戒《いまし》めたのだ。そのような無駄なことをするよりも、地下陣地に隠れて敵が来るのを待ち一人で

も多くの敵を倒せ、ということだ。

　合理的ではあるが、これは過酷な指示でもあった。水も食糧もなく、死んだほうがましな状況下で、早く楽になりたい、死にたいという誘惑に耐え飽くまで戦い続けよというのだ。それでも兵隊達はこの心得を手帳に書き付け、常に朗誦して肝に銘じた。そして部隊が全滅し、中将が戦死した後も、生き残った兵隊は地下で戦い続けたのである。

　栗林中将の教えが守られたのは、如何に栗林中将の人望厚かったか、ということでもある。アメリカ海兵隊員は、この「敢闘ノ誓」が記された紙片を、海岸沿いの塹壕で、洞窟で、トンネルで、トーチカで、そして日本兵の屍骸《しがい》の上で……と、硫黄島のあらゆるところで発見した。

　東條英機陸軍大臣も戦陣訓というものを出したが、大多数の将校はあんなもの、と馬鹿にした。こういうものは本来、天皇の言葉として「勅語《ちょくご》」で出されるものであるのに、中将の東條英機が出したということで将校はみなバカにしたのである。

　東條の場合は「生きて虜囚《りょしゅう》の辱《はずかし》めを受けることなかれ」と戦陣訓に書きながら、己は米軍に戦犯として逮捕される直前に自決し損なっている。この時点で、東條が自決の道を選んだのは間違いであった。開戦時の最高責任者として、国体を護持するために生きのびて、日本の立場を主張すべき役割があったはずだ。

栗林中将の「敢闘ノ誓」は一方的な命令下達ではなく、「守リ抜カン」「粉砕《ふんさい》セン」と、共に戦うべく呼びかけている。率先して範を垂《た》れた栗林中将だからこそ人望もあり、この誓いが守られた。

さらに、栗林中将は具体的かつ実践的な「膽兵《たんぺい》の戦闘心得」を作成して配布した。司令官がこれほど細かく干渉し指導を行なうことも極めて稀有《けう》のことであった。家族に宛てて数多くの手紙を残したことでも知られる栗林中将は筆まめであったのだろう。


「膽兵の戦闘心得」

戦闘準備
一　十倍の敵打ちのめす堅陣《けんじん》とせよ　一刻惜んで空襲中も戦闘中も
二　八方より襲ふも撃てる砦《とりで》とせよ　火網《かもう》に隙間を作らずに戦友斃《たお》れても
三　陣地には糧《かて》と水を蓄へよ　烈しき砲爆、補給は絶える　それも覚悟で準備を急げ
防禦戦闘
一　猛射で米鬼を滅すぞ　腕を磨けよ一発必中近づけて

二　演習の様に無暗に突込むな　打ちのめした隙に乗ぜよ　他の敵弾に気をつけて
三　一人死すとも陣地に穴があく　身守る工事と地物を生せ　偽装遮蔽《しゃへい》にぬかりなく
四　爆薬で敵の戦車を打ち壊せ　敵数人を戦車と共に　これぞ殊勲《しゅくん》の最なるぞ
五　轟々《ごうごう》と戦車が来ても驚くな　速射や戦車で打ちまくれ
六　陣内に敵が入っても驚くな　陣地死守して打ち殺せ
七　広くまばらに疎開して　指揮掌握は難かしい　進んで幹部に握られよ
八　長斃れても一人で陣地を守り抜け　任務第一　勲《いさお》を立てよ
九　喰はず飲まずで敵撃滅ぞ　頑張れ武夫《もののふ》　休めず眠れぬとも
十　一人の強さが勝の因　苦戦に砕けて死を急ぐなよ膽の兵
十一　一人でも多く斃せば遂に勝つ　名誉の戦死は十人斃して死ぬるのだ
十二　負傷しても頑張り戦へ虜となるな　最後は敵と刺し違へ

非常に具体的で、子供にもわかりやすい教えであり、栗林中将の戦法はここに尽きている。また、ここでも十人斃してこそ名誉の戦死であると訴えている。「一人十殺」、一人でも多く敵を殺すこと。後にくわしく語るが、実はこれには絶大な意味があった。

トーチカと化したバロン西の戦車隊

満洲から派遣されたバロン西（バロンは〝男爵〟の意味）こと西竹一中佐率いる第二六戦車連隊も同じく地下に潜《もぐ》った。栗林中将の指示により、戦車をトーチカの如く使うためである。

戦車隊は各所に掩体壕《えんたいごう》（射撃を容易にするとともに、敵弾から射手を守るための諸設備）を掘って潜り、砲だけを外に出して待機する。猛然と進撃してくる敵戦車を出来得る限り近くまで引きつけ不意をついて砲撃し、逆襲されぬうちに次の壕に移動する作戦である。動く戦車を土中に埋めてしまおうというのも、独創的な発想だった。

昭和七年（一九三二年）に開催されたロサンゼルス・オリンピックで優勝した馬術の名手であり、栗林中将と同じ騎兵隊出身である西中佐にとって、戦車を駆って縦横無尽の働きができないのは忸怩《じくじ》たるものがあったかもしれないが、中将の命に従い、徹底した掩体壕構築を行なった。これは止むを得ない作戦だった。何しろ米軍の誇るＭ４シャーマン戦車と日本の九七式戦車とでは、その性能に大きな開きがあったのだ。

日本軍の戦車。砲塔部分をのぞかせ応戦

シャーマン戦車は重量三〇トン、正面装甲八五ミリ、対戦車砲の口径七五ミリ。対するわが九七式戦車は重量一六トン、正面装甲二五ミリ、対戦車砲は三七ミリ。まるで勝負にならない。敵の砲弾はこちらの装甲を空き缶のように易々と撃ち抜けるが、こちらの砲弾ははじき返される。しかも日本側には旧式の九六式戦車を含めて僅か二三台の戦車しかなかった。「『ゲリラ』ニ依ツテ敵ヲ悩マ」すしかなかったのだ。彼我の戦力に大きな開きがある以上、これは合理的かつ効果的な作戦であった。

西中佐（オリンピック出場当時は中尉）がオリンピックに出場した際、騎兵科出身の先輩・栗林中将（当時は少佐）は選手選考の審

（上）アメリカのM4シャーマン戦車。日本軍の火焔ビン攻撃で破損を受けている（下）日本の九七式中戦車

昭和7年のロサンゼルス・オリンピックにおける西と愛馬ウラヌス。大障害飛越はオリンピックの最後を飾る華々しい競技であった

査官であった。颯爽《さっそう》とした青年将校・西男爵は、戦前の日本では特権階級の貴族であり、オリンピックの花形競技であった馬術の金メダリストとして欧米の社交界で持て囃《はや》された純然たるエリートだった。士官候補生時代から外国製のオートバイやオープンカーを乗り回す目立つ存在だった。

一方の栗林中将は陸軍大学校を二番で卒業して恩賜《おんし》の軍刀を受け、任騎兵《にんきへい》大尉時代にアメリカに留学。少佐の時にカナダ公使館附《つき》武官に任命されてアメリカに駐在していたから、これも軍人としてエリート中のエリートだ。日本では自動車を持てる人間など極めて限られていた時代に、新型の高級車シボレーをアメリカ留学中に購入して大陸をドライブしていたくらいである。当時の言葉でいえば「アメリカかぶれ」の「モダンボーイ」だった。また、栗林中将は当時の日本人にしては脚が長く、洋服屋が新調した服を着せたがるほどだったという。

日本ではエリート軍人のほうが合理的な考え方をする傾向があり、独創的な想像力がある。栗林中将の戦法がまさにそうであった。彼は尊敬する軍人を聞かれて永田鉄山《てつざん》と答えている。

永田鉄山少将は合理的な軍人として有名であった。陸軍統制派（＊注1）の中心人物と目されたため、昭和十年（一九三五年）皇道派（＊注2）の相沢三郎中佐に斬殺《ざんさつ》された。栗林中将は堀江参謀に「世界を見ていた偉い人だった」「永田さんが生きておればこんなことにはならなかった」と硫黄島で語っている。

栗林中将と西中佐はエリート同士、また同じ騎兵出身だけに、西連隊長は栗林中将の作戦を良く理解し、それに良く応えたのであった。

そしていよいよ米軍上陸の時が迫った。

(上)カナダ駐在武官時代の栗林中将。後列右から2人目。当時40歳 (下)昭和4年、アメリカ留学時。テキサス州のフォートブリスにて新調の車シボレーと。当時38歳

＊注1／統制派…旧陸軍において、財閥・官僚とともに国を挙げての軍事体制を目指した。
＊注2／皇道派…旧陸軍部内の一派閥。天皇中心の国体至上主義を信奉し統制派と抗争、昭和十一年に二・二六事件を起こす。

第3章

硫黄島三六日間の死闘

五日もあれば硫黄島は落とせる

栗林中将が、米軍上陸を早ければ十月末日と予想し、硫黄島守備隊が地下壕の工事を急いでいる間、アメリカでは日本攻撃をめぐってニミッツ太平洋艦隊司令長官とマッカーサー将軍との対立が起こっていた。

硫黄島を取り、B29による東京空襲を主張するニミッツに対し、陸軍のマッカーサーはフィリピンを奪還後、台湾から中国本土に侵攻して日本を総攻撃するという作戦を立てていた。結局、ニミッツの戦略が採用されるが、海軍の戦力をマッカーサーのフィリピン奪回作戦にも割かねばならず、こうした状況が重なって、硫黄島攻撃は一九四五年（昭和二十年）一月という当初の予定が一カ月遅れることになった。

Dデイ（上陸開始日）は二月十九日、前線の総指揮官は第五艦隊司令長官レイモンド・スプルーアンス大将、戦術司令官はリッチモンド・ケリー・ターナー中将、上陸部隊の指揮をとるのはホーランド・M・スミス海兵隊中将。

海兵隊は上陸前に十日間の空爆と艦砲射撃を海軍に要請していたが、艦隊配備が間に合

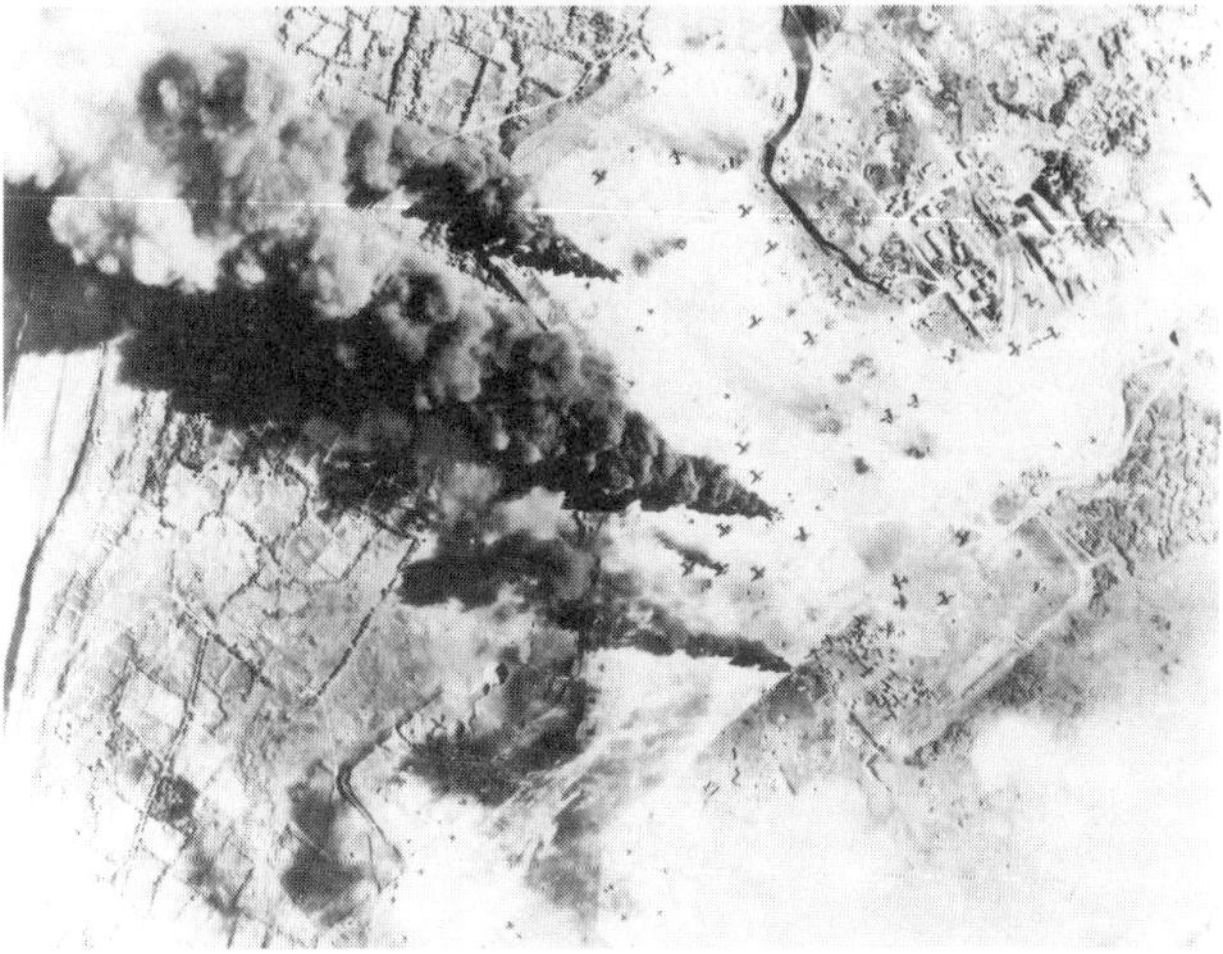

(上)硫黄島めがけて投下される爆弾。左に見えるのが摺鉢山。写真中央くびれ部分のタテ幅は約800m (下)空爆に晒される千鳥飛行場の日本軍飛行機。後に「まるで水桶の中の魚のようだった」と爆撃に参加した米兵は語った

わず、三日間とされた。

アメリカ軍は五日もあれば硫黄島を十分落とせると思っていた。昭和十九年の終わりから二十年初めにかけて、日米の戦力差は決定的になっていた。サイパンでもテニアン、フィリピンでも、日本軍は殆ど抵抗が出来ずじまいに終わっていた。アメリカ軍は、既に日本軍恐るるに足らずと考えていた。見れば硫黄島は面積二二平方キロ、周囲二二キロに過ぎない。これほど小さな島であれば、如何に日本守備隊の抵抗が烈《はげ》しかろうと、簡単に攻略できると踏んでいた。

待ち構える日本の守備隊は、硫黄島を摺鉢山地区、中地区、南地区、東地区、西地区、兵団司令部壕のある北地区の六つに分け、各々に地区隊を置いた。日本軍の総兵力約二万一〇〇〇人。

これに対し、アメリカ軍は総兵力約一〇万人、海兵隊を中心とする上陸部隊三個師団約六万一〇〇〇人。機動部隊を含む艦船約五〇〇隻が硫黄島を取り囲んだ。

二月十六日早朝、艦砲射撃が開始され、以後三日間に渡って硫黄島は砲撃に晒《さら》された。島全体が揺れるかと思われるほどの爆撃であったが、栗林中将の命令通り、米軍が上陸するまで灼熱の地下壕の中で、守備隊はジッと耐えていた。

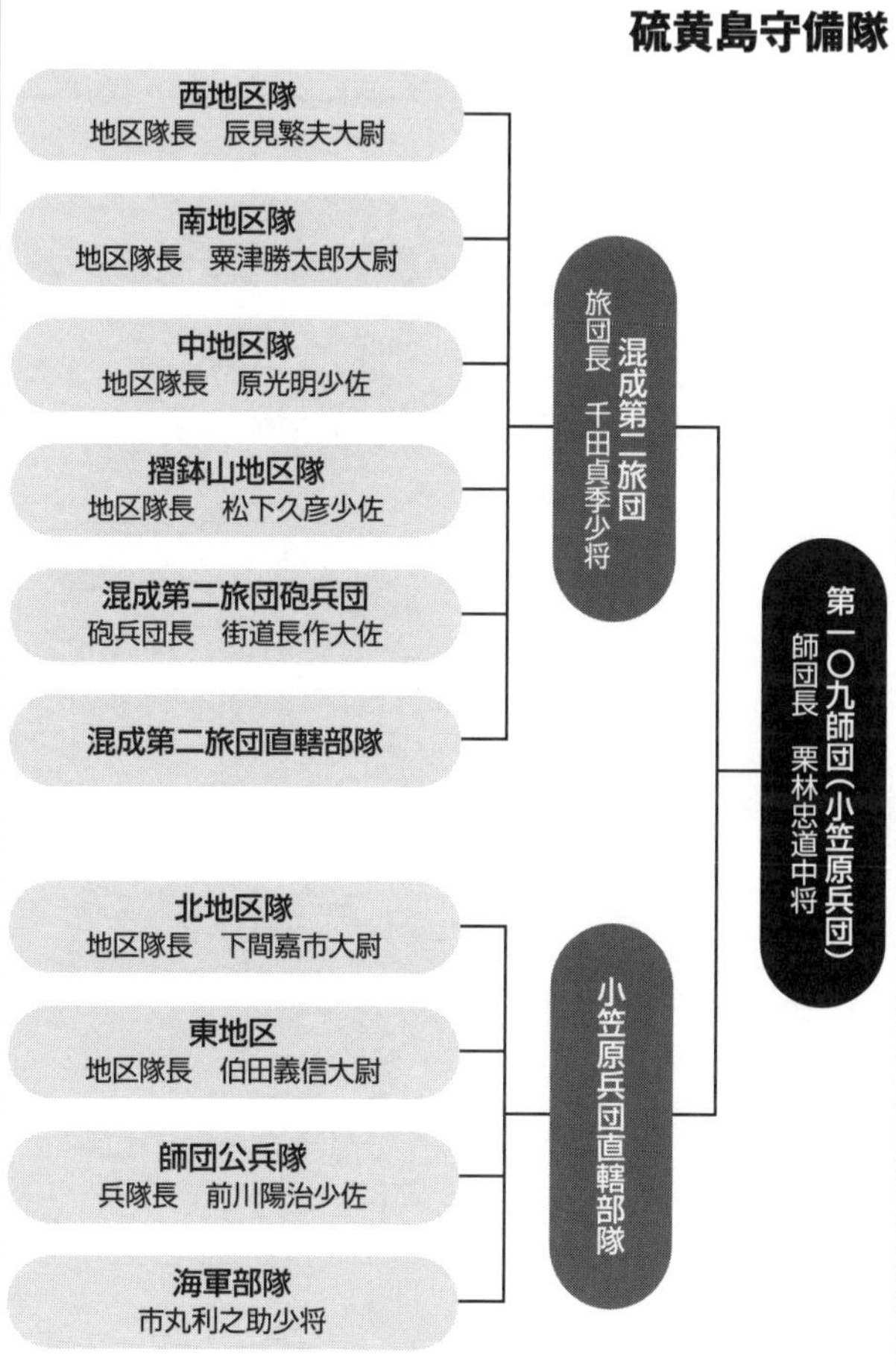

日本軍の兵力は陸軍13,586人、海軍7,347人の総計20,933人

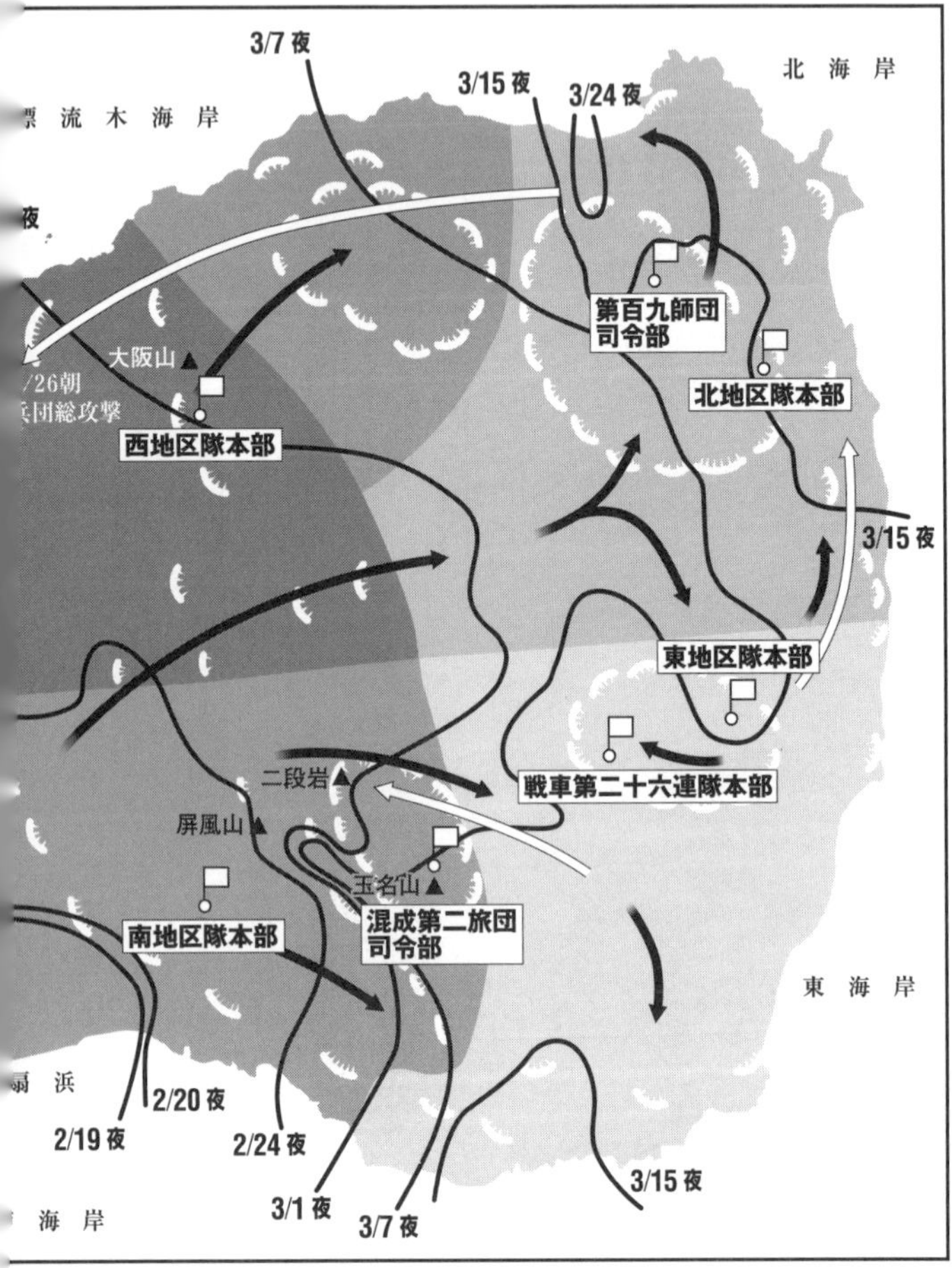
北海岸
3/7夜
3/15夜
3/24夜
漂流木海岸
夜
第百九師団
司令部
大阪山
/26朝
兵団総攻撃
北地区隊本部
西地区隊本部
3/15夜
東地区隊本部
二段岩
戦車第二十六連隊本部
屏風山
玉名山
混成第二旅団
司令部
南地区隊本部
東海岸
扇浜
2/20夜
2/19夜
2/24夜
3/15夜
3/1夜
3/7夜
海岸

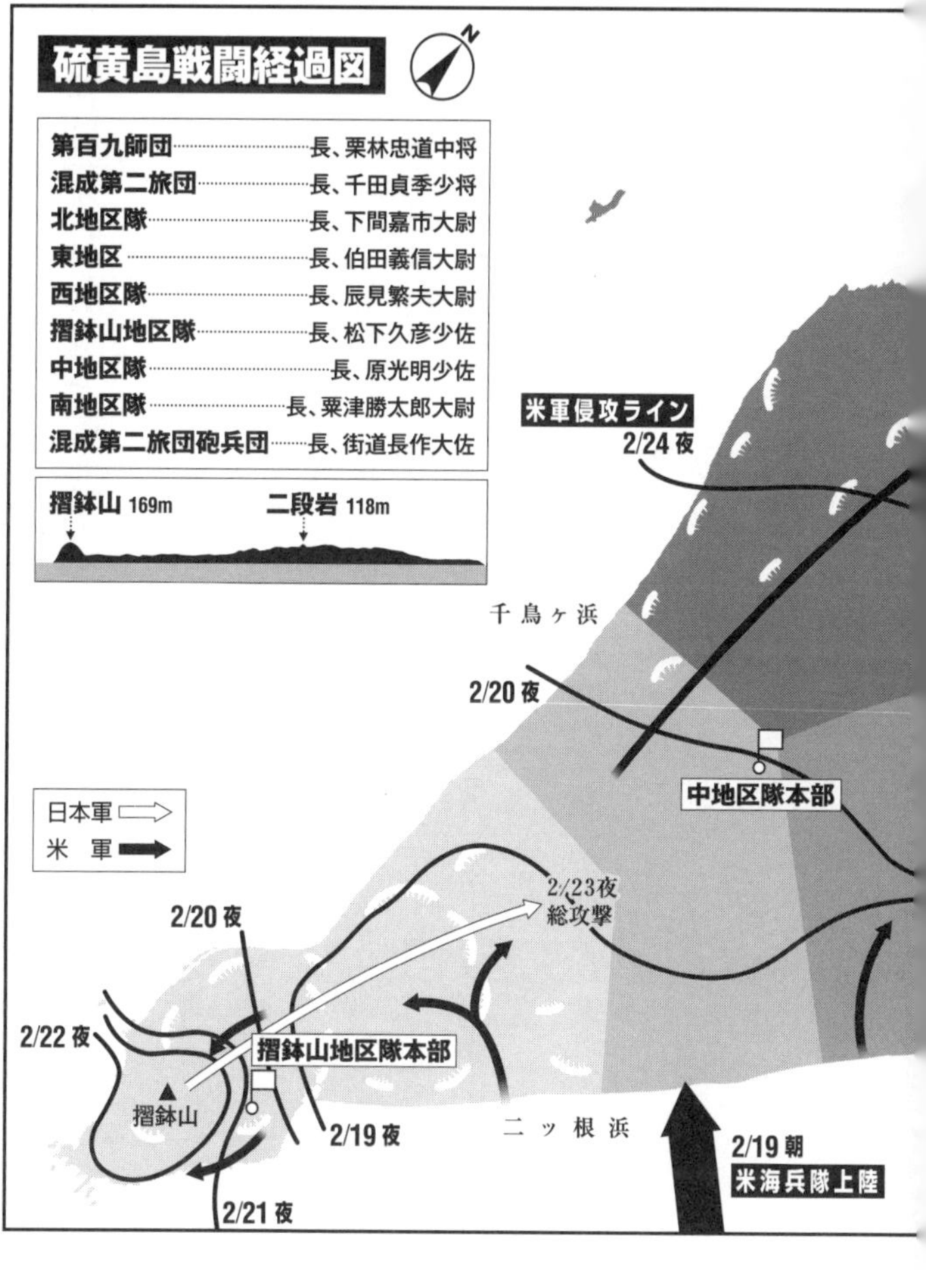

硫黄島戦闘経過図
N
第百九師団……長、栗林忠道中将
混成第二旅団……長、千田貞季少将
北地区隊……長、下間嘉市大尉
東地区……長、伯田義信大尉
西地区隊……長、辰見繁夫大尉
摺鉢山地区隊……長、松下久彦少佐
中地区隊……長、原光明少佐
南地区隊……長、粟津勝太郎大尉
混成第二旅団砲兵団……長、街道長作大佐
摺鉢山 169m
二段岩 118m
米軍侵攻ライン
2/24 夜
千鳥ヶ浜
2/20 夜
中地区隊本部
日本軍
米　軍
2/23夜
総攻撃
2/20 夜
2/22 夜
摺鉢山地区隊本部
摺鉢山
2/19 夜
二ッ根浜
2/19 朝
米海兵隊上陸
2/21 夜

中将の作戦を狂わせた海軍の発砲

ところが、沖にアメリカ軍の偵察部隊の艦が来て、それを遠望した海軍が待ちきれなくなって撃ってしまった。南海岸の十二糎《センチ》砲と摺鉢山山麓の十四糎水平砲（平射砲）が偵察部隊の乗った艦を砲撃。更に北地区の十五糎砲台が重巡洋艦「ペンサコラ」を砲撃した。一発撃てば硝煙が立ち上り砲台の位置がわかってしまう。翌日まで雨霰《あられ》の如き艦砲射撃を浴び、一日で摺鉢山の形が変わるほど撃ちまくられた。せっかく軽巡洋艦《けいじゅんようかん》の主砲（軍艦に装備した大砲のうち、最大の威力を持つ砲）を運び上げて築いた砲台は、集中砲火を浴びて完膚《かんぷ》なきまでに破壊されてしまった。

栗林中将の作戦は、アメリカ軍が上陸し飛行場のある島の中央部に進攻するまで待つというものであったのに、海軍がついに待ちきれなかった。アメリカ軍が全て上陸した時に撃てば、相当な戦果が挙がるだろうと栗林中将は考えていた。せめて、大軍が押し寄せてきた時に撃ち込めば、それなりに大きな効果があったはずなのに、海軍の勇み足で作戦が狂ってしまった。

硫黄島作戦における日米両軍の相対戦闘力

兵種	日本軍	米軍
歩兵	9個大隊	27個大隊
戦車	1個連隊	3個大隊
砲兵	陸軍 5個大隊　砲148門	14個大隊強
	海軍 砲23門	砲168門
航空	特攻機延約75機	延4,000機以上
艦砲	艦砲支援なし	艦砲射撃 14,250トン以上
総兵力	20,933名 陸軍 13,586 海軍 7,347	61,000名 （上陸部隊総数）

海軍の14糎水平砲。「勇み足砲台」と言われる

飽くまで水際で敵を迎え撃つことを主張する海軍の顔を立てて、最低限の水際攻撃を許可したのに、これでは海軍の協力も結果的にはありがた迷惑であった。海軍の兵隊も、海でなく陸に上って島で戦うなど考えてもみなかったろうから、それは勝手が違ったろう。結果から言えば、初めから海軍の兵隊は一人も入れるべきではなかった。

日本海軍は上海事変以来、その強さが遍《あまね》く知られるようになったので、俺達が応援してやったらさぞ喜ぶだろうと思って出てきた。しかし、日本にもアメリカの海兵隊（志願兵）のような軍隊があればいいのだが、海軍は飽くまでも水兵でしかなかった。だから、陸軍に協力するのであれば陸軍の師団長の命令は絶対に守れと教育すべきであった。

栗林中将は硫黄島から大本営に送った戦訓電報のなかで「陸海軍の縄張《なわばり》主義を一掃し両者を一元的ならしむるを根本問題とす」と指摘している。水際攻撃に対する海軍との確執と指揮系統が一本化しないことに、栗林中将も悩んでいたのである。

三日でノルマンディー上陸作戦の死傷者数を上回る

しかし、艦砲射撃に対する日本側の反撃は僅《わず》かにこれだけで終わった。三日間、思う存

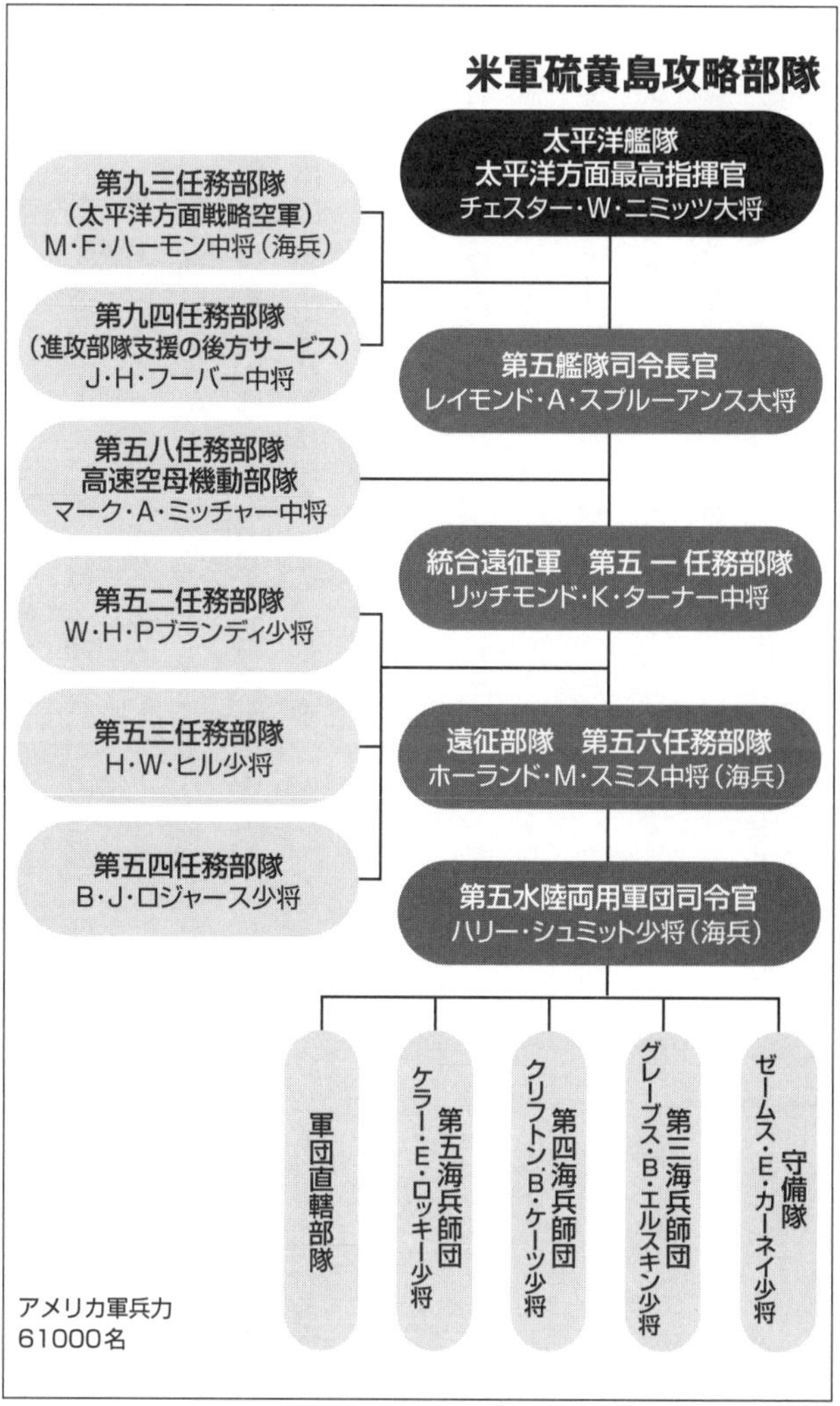
米軍硫黄島攻略部隊
太平洋艦隊
太平洋方面最高指揮官
チェスター・W・ニミッツ大将
第九三任務部隊
（太平洋方面戦略空軍）
M・F・ハーモン中将（海兵）
第九四任務部隊
（進攻部隊支援の後方サービス）
J・H・フーバー中将
第五艦隊司令長官
レイモンド・A・スプルーアンス大将
第五八任務部隊
高速空母機動部隊
マーク・A・ミッチャー中将
統合遠征軍　第五一任務部隊
リッチモンド・K・ターナー中将
第五二任務部隊
W・H・Pブランディ少将
第五三任務部隊
H・W・ヒル少将
遠征部隊　第五六任務部隊
ホーランド・M・スミス中将（海兵）
第五四任務部隊
B・J・ロジャース少将
第五水陸両用軍団司令官
ハリー・シュミット少将（海兵）
守備隊
ゼームス・E・カーネイ少将
第三海兵師団
グレーブス・B・エルスキン少将
第四海兵師団
クリフトン・B・ケーツ少将
第五海兵師団
ケラー・E・ロッキー少将
軍団直轄部隊
アメリカ軍兵力
61000名

分砲弾の雨を降らせたアメリカ軍は、爆煙に包まれた硫黄島を見て、日本軍はもう全滅したのではないかとさえ考えた。あとは上陸時における残存兵の突撃に備えればいい。もしかしたら占領に五日もかからないかもしれないと思った。

そして二月十九日、午前九時二分。予定時刻より二分遅れただけで最初の上陸部隊が南海岸に上陸し、硫黄島の砂を踏んだが、海岸は火山灰だから、黒砂に足は沈むし、兵士を運んできた水陸両用車は砂に埋まって身動きがとれなくなった。いまにも日本軍が攻撃して来るのではないかと米軍は大いに焦った。

ところが、上陸したアメリカ最強の海兵隊が驚いたの驚かないの。島を見渡してもどこにも日本軍の姿なんか見えない。まあやれやれと思っていたら、三十分後、どこからともなく砲弾や銃弾が物凄い勢いで降り注いできた。どこから撃ってくるのか全く分からない。砂が柔らかいので塹壕も掘れない。

上陸部隊は大混乱に陥った。更に、密集する米軍目掛けて噴進砲(ロケット砲)が炸裂。海兵隊員達は面白いように吹っ飛んだ。

上陸当日、米軍は戦死者五四八名、負傷者一七五五名、行方不明者一八名を出し、戦車一五両を破壊される思いがけない大損害を被ったうえ、海岸から一〇〇〇メートルくらい

（上）摺鉢山を背景に今、まさに硫黄島に上陸せんとする米軍（南海岸）
（下）米上陸部隊第一陣を乗せて島に到着する舟艇の群れ

1945年2月19日、レッドビーチ（扇浜）に上陸し、匍匐（ほふく）前進する米第五海兵師団

しか進めずに夜を迎えた。

日本軍の「バンザイ突撃」による夜襲に備えたが、砲弾が飛んでくるだけだった。米軍は、これまでの日本軍の戦い方とは違うことに初めて気付いた。

翌日、米軍はようやく千鳥飛行場を占領。日本軍は摺鉢山と司令部の連絡が絶たれた。これは島のほぼ中央にある元山地域と摺鉢山とをつなぐ地下道が完成していなかったからである。そのため、両地点の間に位置する千鳥飛行場を取られたことによって兵隊や武器の移送が不可能になってしまった。もう少しの時間と資材が欲しかった。栗林中将の無念が偲《しの》ばれる。

それでも、地下から攻める日本軍の反撃

米臼砲弾の攻撃を受ける摺鉢山（1945年2月20日）

は凄まじく、米軍の進撃は遅々として進まず、米軍のシャーマン戦車も次々に撃破された。日本軍が近代戦車を撃破したのは硫黄島が初めてであった。

戦闘を続ければ続けるほど、アメリカ軍の損害は増すばかりだった。五日で落ちると思っていた硫黄島が、いつ占領できるか全く分からなくなった。

「二月二十一日午後六時現在、戦死者六四四名、負傷者四一〇名、行方不明五六〇名」と米軍が発表すると、その余りの被害の大きさにアメリカの世論が沸騰した。上陸三日目の時点で、この数字は既にノルマンディー上陸作戦での死傷者数を上回っていた。いや、第二次世界大戦でアメリカ軍が行った如何なる

破壊された元山飛行場の日本軍飛行機

戦闘における死傷者数よりも多かった。あんな小さな島を攻めるのに、これだけの大損害を被って、一体何をしているんだ。海兵隊はそんなに弱かったのか。轟々《ごうごう》たる非難が巻き起こった。

米軍の当初の目標たる摺鉢山占領に成功したのは上陸から五日目の二月二十三日のことであった。山頂に星条旗が立てられたが、その数時間後、もっと目立つ大きな星条旗に取り替えられた。まさに二度目の星条旗を立てんとする海兵隊の姿を撮影した従軍記者ジョー・ローゼンタールの写真が、アメリカ本国で大きな反響を呼び、写真に写った六人の兵士達は国民的英雄となった。

ローゼンタールの写真はその年のピュー

リッツァー賞を受賞し、後にこの写真をもとに作られた世界最大の銅像が、「アメリカの理想と自由」のために貢献した英雄が眠るアーリントン墓地に建てられた。

ところが、死闘はまだまだ続いたのだ。写真の兵士達も、六人の中の三人は戦死した。上陸から数日間、米海兵隊員は二分に一人の割合で死傷していた。アメリカ軍は二月二十五日、元山飛行場を占領。

1945年2月23日、摺鉢山に翻る星条旗（AP通信、ジョー・ローゼンタール撮影）。今日に至るまで海兵隊の“勇気”を示すシンボルとなっている

しかし、この日、海兵三個師団の死傷者はさらに一万二千名に増えたのである。地下に潜った日本軍の攻撃に海兵隊は苦しみ貫《ぬ》いた。

市丸利之助海軍少将は大本営に以下の如き戦訓電報を打った。

「本戦闘ノ特色ハ敵ハ地上ニ在リテ友軍ハ地下ニアリ」

徐々に北に追い詰められていった日本軍

内地からもささやかながら応援があった。第六〇一海軍航空隊に第二御楯《みたて》特別攻撃隊が組織されて二月二十一日に木更津基地を発進。艦上戦闘機、艦上攻撃機、艦上爆撃機計二一機で硫黄島を包囲するアメリカ艦船に体当たりを敢行し、空母「サラトガ」(アメリカの古戦場の名)を大破、空母「ビスマルクシー」を轟沈させた。

だが、それだけでは圧倒的な物量の差は如何ともし難い。「一人十殺」のスローガンどおり、アメリカ兵を殺しても殺しても、あとからあとから増員される。戦車を幾ら破壊しても、次から次に新たな戦車が補充される。

栗林中将も初めから玉砕覚悟の戦いだったが、日本軍は健闘しながらも徐々に北へと追い詰められていった。

戦闘が始まってからは、いよいよ飲み水が問題となった。夜、井戸や天水槽に水を求めて多くの兵隊が地下壕から出て行き、狙い撃ちにされて戦死した。水槽に体を突っ込んで死んでいる日本兵が沢山いた。ボウフラが涌き、戦友の遺体が浸かっている水槽の水でも、

日本軍の機関銃を発見し、砲撃のため地図で位置を確認する斥候兵（1945年2月）

硫黄島守備隊には最高の甘露であった。

三月二日、北飛行場も陥落し、飛行場は全て制圧されてしまった。その翌々日、遂にＢ29が硫黄島に初着陸。これは我が守備隊の迫撃砲によって早々に追い払われたが、この日から終戦までに、延べ二四〇〇機以上のＢ29が硫黄島に不時着した。アメリカが硫黄島を手に入れたことによって、およそ二万人のＢ29搭乗員の命が助かったと言われている。

三月七日、混成第二旅団長・千田《せんだ》貞季《さだすえ》少将は最後の総攻撃を決意した。ところが、栗林中将は、突撃は中止して飽くまで持久戦を続けよと命令。その後、師団総司令部に合流の指示を受け、千田少将は白兵戦《はくへいせん》

摺鉢山の麓に装備されていた日本軍の大砲（1945年2月23日）

（刀剣、槍などを用い、双方入り乱れて行う戦い。「兵」は武器の意）を続けながら北進したが、十六日に旅団が壊滅し、自決したとされる。

戦車をトーチカとして地下に埋め、よく敵戦車を撃破した西竹一戦車連隊も、終には戦車を全て失った。それでも地下壕に籠もって敵戦車に爆雷攻撃を仕掛けるなどして東地区を最後まで死守。三月十四日、連隊壕を脱出した西連隊長は、部下と共に栗林中将に合流すべく北地区の師団総司令部に向かった。

三月十日、思いもよらないことが起こった。B29爆撃機三三四機が東京を空襲し、一夜にして都民一〇万人が死亡。爆撃を終えたB29二機が硫黄島に不時着するのを見て、自ら本土（本州、内地）の盾にならんとした栗林中将の胸にこの東京大空襲がどのような痛みを与えたか、察するに余りある。

「想像もつかない生き地獄」

硫黄島の戦いは、アメリカにとっても地獄だったが、況《いわん》や戦力で決定的に劣り、水も食糧もない日本軍に於いてをや。

栗林中将が三月五日に大本営宛て打電した戦訓電報は以下の如し。

敵ノ制空権ハ絶対且ツ徹底的ニシテ一日延一六〇〇機ニ達セシコトアリ。未明ヨリ薄暮マデ実ニ一瞬ノ隙ナク二、三〇ナイシ一〇〇余ノ戦闘機在空シ、執拗ナル機銃掃射カ爆撃ヲ加ヘ、我ガ昼間戦闘行動ヲ封殺スルノミナラズ敵ハソノ掩護下ニ不死身ニ近キ戦車ヲ骨幹トシ、配備ノ手薄ナル点ニ傍若無人ニ滲透シ来リ。

我ヲシテ殆ド対策ナカラシメ、カクシテ我ガ火砲、重火器コトゴトク破壊セラレ、小銃オヨビ手榴弾ヲ以テ絶対有利ナル物量ヲ相手ニ逐次困難ナル戦闘ヲ交エザルヲ得ザル状況トナレリ。

火炎放射器で攻撃をする米戦車

以上コレマデノ戦訓等ニテハ到底想像モ及バザル戦闘ノ生地獄的ナルヲ以テ、泣キ言ト思ハルルモ顧ミズ敢テ報告ス。

これまでの戦闘からは「想像もつかない生き地獄」であると栗林中将自ら表現している。硫黄島兵士の苦しみを誰が思わずにいられようか。

栗林中将最後の戦訓電報（三月七日打電）には、冒頭に「蓮沼侍従武官長ニ伝ヘラレタシ」とあり、陸大時代の恩師・蓮沼蕃《しげる》大将に対してこれまでの礼が述べられている。これは、せっかくの「戦訓」がさっぱり生かされず、大本営に無視され、あるいは握りつぶされているから、遺書替わりとして蓮沼大将に直訴《じきそ》

地下壕を注意深く覗く海兵隊員

し、天皇陛下のお耳に達することを望んだのであろう。

そこには、次のようなことが書かれていた。

主陣地ノ拠点的施設ハ尚徹底的ナラシムルヲ要ス　其ノ然ルヲ得ザリシハ前項水際陣地ニ多大ノ資材、兵力、日子《にっし》ヲ徒費シタルガ為ナリ

殊ニ使用飛行機モ無キニ拘ラズ敵ノ上陸企図濃厚ナリシ時機ニ至リ中央海軍側ノ指令ニ依リ第一、第二飛行場拡張ノ為　兵力ヲ此ノ作業ニ吸引セラレシノミナラズ陣地ヲ益々弱化セシメタルハ遺憾ノ極ミナリ

徹底して地下陣地を構築する必要があったのに、それが出来なかったのは水際陣地構築に力を割いてしまったからだ。もう飛行機などないにも拘わらず、飛行場の拡張作業を行なったから益々陣地が弱体化してしまった、と反省している形をとりながら、先に紹介したように、海軍との確執の弊を説き、「陸海軍の一元化」を提案したのである。

いよいよ玉砕のとき迫りながら、栗林中将は自らの命を賭して日本軍のあるべき姿を訴えた。いや、更に、そもそもこの戦争自体に対する批判さえ最後に記したのであった。

防備上更ニ致命的ナリシハ彼我物量ノ差余リニモ懸絶アリシコトニシテ結局戦術モ対策モ施ス余地ナカリシコトナリ

栗林中将、なおも戦闘継続中なり

硫黄島にアメリカ軍が上陸してから二十六日目の三月十六日、米ニミッツ提督は硫黄島作戦の終結宣言を行なった。同日、栗林中将は大本営に向けて訣別の電報を打った。

地下壕の中で斃れた日本兵

戦局　最後ノ関頭ニ直面セリ　敵来攻以来麾下《キカ》将兵ノ敢闘ハ真ニ鬼神ヲ哭《ナカ》シムモノアリ　特ニ想像ヲ越エタル物量的優勢ヲ以テスル陸海空ヨリノ攻撃ニ対シ　宛然《エンゼン》徒手空拳《トシュクウケン》ヲ以テ克《ヨ》ク健闘ヲ続ケタルハ　小職自ラ聊《イササ》カ悦ビトスル所ナリ

然レドモ飽クナキ敵ノ猛攻ニ相次イデ斃《タオ》レ為ニ御期待ニ反シ此ノ要地ヲ敵手ニ委ヌル外ナキニ至リシハ　小職ノ誠ニ恐懼《キョウク》ニ堪ヘザル所ニシテ幾重ニモ御詫申シ上グ

今ヤ弾丸尽キ水涸レ　全員反撃シ最後ノ敢闘ヲ行ハントスルニ方《アタ》リ　熟々《ツラツラ》皇恩ヲ思ヒ粉骨砕身モ亦《マタ》悔イズ

特ニ本島ヲ奪還セザル限リ　皇土永遠ニ安カラザルニ思ヒ至リ　縦《タト》ヒ魂魄《コンパク》トナルモ誓ツ

テ皇軍ノ捲土《ケンド》重来《チョウライ》ノ魁《サキガケ》タランコトヲ期ス　茲《ここ》ニ最後ノ関頭ニ立チ　重ネテ衷情ヲ披瀝《ヒレキ》スルト共ニ　只管《ヒタスラ》皇国ノ必勝ト安泰トヲ祈念シツツ永《トコシ》ヘニ御別レ申シ上グ

尚父島、母島等ニ就テハ　同地麾下将兵　如何ナル敵ノ攻撃ヲモ断固破摧《ハサイ》シ得ルヲ確信スルモ　何卒宜シク御願申シ上グ

終リニ左記駄作　御照覧ニ供ス　何卒玉斧《ギョクフ》ヲ乞フ

左記

国の為重きつとめを果し得で　矢弾《やだま》尽き果て散るぞ悲しき

仇《あだ》討たで野辺《のべ》には朽《く》ちじ吾は又　七度生れて矛を執《と》らむぞ

醜草《しこくさ》の島に蔓《はび》こるその時の　皇国《みくに》の行手一途《いちず》に思ふ

この頃には師団総司令部も米軍に包囲され、降伏勧告が始まった。海軍の市丸利之助少

将は合流したが、千田旅団長は終《つい》に司令部に辿り着けず、また西戦車連隊長も部下およそ三十名と共に銀名水近くの海岸まで来た所で米軍の攻撃を受けて戦死した（自決したとの説もある）。

大本営は栗林中将の電報を受け、「ジェイ・オー・エイ・ケイ（現在のNHK）」に「硫黄島の歌」を餞《はなむけ》として放送させた。硫黄島守備隊はこれをどんな思いで聴いたであろうか。見捨てられたという絶望と、騙されたという怒りが込み上げたであろうと、前年九月に病気のため内地に移送された元海軍上等兵曹は手記に書いている。

翌三月十七日早朝、栗林中将は全将兵に呼びかける電報を打った。

摺鉢山山頂の星条旗と南海岸

一　戦局ハ最後ノ関頭ニ直面セリ
二　兵団ハ本十七日夜　総攻撃ヲ決行シ敵ヲ撃摧《ゲキサイ》セントス
三　各部隊ハ本夜正子ヲ期シ各當面ノ敵ヲ攻撃　最後ノ一兵トナルモ飽ク迄決死敢闘スベシ　大君×××（三語不明）テ顧ルヲ許サズ
四　予ハ常ニ諸子ノ先頭ニ在リ

終に最後の総攻撃に出発。酒と恩賜の煙草が配られた。その席で栗林中将は、ことここにおよんでは「一人百殺」の他なし、と訓示。中将以下、司令部約五〇〇名は三〇〇メートル離れた来代《きた》工兵隊壕に移動した。

だが、この地下壕も敵戦車による攻撃に晒され、栗林中将はそれから転々と移動しつつ出撃の機会を狙っていた。総攻撃といっても、部下に禁じた如く、無謀な「バンザイ突撃」で斬り込んでいったわけではない。しかもこの時、司令部の吉田紋三少佐に、生き延びて何時か島を脱出し、この惨状を日本国民に伝えよと命じた。

結局、吉田少佐は脱出に失敗して戦死するのであるが、栗林中将は、この戦いを広く国民にも訴えようとしたのであった。

三月二十一日、父島派遣司令部からの無線による呼びかけに応答がないため、大本営は「硫黄島玉砕」を発表。

朝日新聞

硫黄島遂に敵手へ

最高指揮官陣頭に
壮烈・全員総攻撃
敵の損害三萬三千

敢闘一箇月　十七日夜半　通信絶ゆ

たとひ魂魄となるも
巻土重來の魁たらん
栗林中將・最後の無電

断乎戦ひ抜かん
活かせ硫黄島勇士の魂

昭和20年3月22日付の朝日新聞

翌二十二日付朝日新聞は「硫黄島遂に敵手へ」「最高指揮官陣頭に　壮烈・全員総攻撃　敵の損害三萬三千」「敢闘一箇月　十七日夜半　通信絶ゆ」「たとひ魂魄《こんぱく》となるも捲土重来《けんどちょうらい》の魁《さきがけ》たらん　栗林中将・最後の無電」という見出しで玉砕を報じた。

ところが、栗林中将はまだ戦い続けていた。三月二十一日正午、大本営の勇み足を諫《いさ》めるかのような電報が大本営に届いた。曰く「全生存将兵ヲ集結シ目下

米軍に占領された飛行場。日本本土空爆のため待機するB29

戦闘ヲ継続中ナリ　現在予ノ掌中《ショウチュウ》ニ在ル兵力四〇〇名ナリ」と。

その後も刻々と戦況報告の電報が送られてきた。

三月二十一日　午後一時
敵戦線ハ我レヲ去ル二〇〇乃至三〇〇米ニ在リ　戦車ヲ以テ攻撃シツツアリ
敵ハ拡声器ヲ以テ我レニ降伏ヲ勧告セリ
然レドモ我ガ将兵ハ敵ノ小策ヲ一笑ニ附シ相手トセズ

三月二十二日　午前九時十分
海軍司令部ハ十六日来リテ我レニ合シ共ニ戦闘中ナリ

同日午前十時
師団長（編集部註・栗林中将のこと）以下将兵敢闘中ナリ
我等将兵ハ飲マズ食ハズノ日ヲ五日続ケタリ　然レドモ　我ガ敢闘精神ハ益々高潮シツツアリ　最後ノ一瞬迄戦闘ヲ続行セントス

最後の総攻撃直後の惨状。約400名の日本軍が米軍のテントに斬り込み攻撃をかけた

栗林中将からの電報はこれで最後となるが、二十三日、硫黄島からの電報が父島で受信された。それは「父島ノ皆サン　サヤウナラ」という短い電文であった。

その二日後、高石師団参謀長から「師団長以下敢闘中　高石

1945年3月26日の早朝、最後の総攻撃ののち、日本守備隊は壮絶な死を遂げた。テントに弾丸の跡と血痕が残っている

大佐」という電報が届く。

そして翌日二十六日早朝、市丸少将、高石大佐ら陸海軍将兵およそ四〇〇名を指揮して、栗林中将は西海岸の米軍野営地に「最後の総攻撃」をかけ、玉砕した。

最後の総攻撃に出発してから九日目。それは実に綿密な作戦に基づく、整然として巧みな攻撃であった。栗林中将は、部下に命じたとおり、また自分の言を曲げることなく、ジッと機会を待ち、無謀なバンザイ突撃などせず、自ら先頭に立って、飽くまで合理的な総攻撃を敢行したのであった。

階級章も全て外していたので、栗林中将の遺体は確認されていない。自決したのかどうかも分かってはいない。

だが、栗林中将の戦いは、それでもまだ終わらなかった。

主力部隊が玉砕しても、連絡網が途切れ通信手段がなくなった後でさえ、栗林中将の命令通り地下から戦い続けた兵士達は、中将が玉砕した後も、常に朗誦していた「敢闘の誓」の通り、「ゲリラ」となって更に数カ月に渡り抵抗を続けた。ゲリラ部隊を指揮した武蔵野菊蔵大尉が米軍に捕われたのは六月十一日のことであった。

そして、終戦から四年後の昭和二十四年（一九四九年）、硫黄島守備隊で最後まで生き残った兵士二名（山蔭光福《やまかげこうふく》兵長と松戸利喜夫《まつどりきお》上等水兵の二人）がアメリカ軍に投降した。何とそれは、朝鮮動乱（一九五〇年六月～一九五三年七月）一年前の事であった。

「類稀なる勇気こそが一般的な美徳であった」

硫黄島に司令部を置いて、兵隊と同じ水を飲み、同じ生活をし、共に戦ったからこそ、二万余の兵隊が栗林中将に従い、リーダー亡きあとも「敢闘の誓」通り一人でも多くのアメリカ兵を殺そうとした。そして、硫黄島守備隊はアメリカに、もう二度と日本軍とは戦いたくないという恐怖を植えつけた。

硫黄島戦における日米両軍の損耗

	日本軍		米軍	
戦死	陸軍	12,850	海兵隊	5,931
	海軍	7,050	海軍	881
			陸軍	9
	計	19,900	計	6,821
戦傷	陸軍	738	海兵隊	19,920
	海軍	297（軍属76を含む）	海軍	1,917
			陸軍	28
	計	1,033	計	21,865
合計		20,933名		28,686名

米軍が五日で陥落させると言った硫黄島での組織的な戦闘は三十六日間続いた。その結果は――。

日本軍の戦死者一九九〇〇人、戦傷者一〇三三人。計二〇九三三人。

米軍の戦死者六八二一人、戦傷者二一八六五人。計二八六八六人。

戦死傷者の数はアメリカ軍が日本軍を上回った。大東亜戦争の島嶼《とうしょ》（島々）戦においてアメリカ軍の損害が日本軍より大きかったのは唯一、硫黄島の戦いのみであった。

あれだけの戦力差があったにもかかわらず、これは奇蹟であった。ニミッツ米太平洋軍最高司令官は自軍の兵士を称えて、「硫黄島で戦った者の間では、類稀《たぐいまれ》なる勇気こそが一般的な美徳であった」と語った。

海兵隊はアメリカ軍でも特に勇猛なことで知られている。その兵士全員が、更に考えられないほどの勇気を振り絞らなければ、硫黄島の日本兵と戦えなかったのである。

このことは、日本にとって、そしてアメリカにとって大きな意味を持つことになった。

第4章 現代に生きる硫黄島

九州に上陸したら死傷者二六〇万人は出るだろう

硫黄島の死闘が終わったあとで、何が起こったか。実は、それこそが一番肝心な点なのだ。日本人は「歴史にifはない」などと言って、歴史に学ぼうとしない。

アメリカ人が硫黄島の戦いから多くを学んでいるのに対して、日本では硫黄島の存在すら忘れている。日本軍が敗れたのは、そもそも日本にとっての近代戦の始まりであった日露戦争から何も学ぼうとしなかったからだ。想像力を働かせて硫黄島の死闘から教訓を得て、今日に生かさなければ、それこそ栗林中将以下、守備隊二万人の死は無駄になってしまうではないか。

まず、硫黄島がアメリカ人の心理に大きな影響を与えたこと、このことを忘れてはならない。

海兵隊員が摺鉢《すりばち》山に星条旗を立てている写真がアメリカ国民を熱狂させ、クリント・イーストウッドの映画『父親たちの星条旗』(二〇〇六年)に描かれたように、旗を立てた六人の中で生き残った三人の兵士は戦闘の途中で帰還させられ、英雄として米国民の戦意高揚に利用された上、戦時国債キャンペーン・ツアーにまで駆り出された。それだけアメリカも、経済的に追い詰められていただけでなく、硫黄島における想像以上の犠牲に対する国民の批判を恐れていた。

硫黄島での凄《すさ》まじい死闘はアメリカでは瞬時に報道された。流血と殺戮《さつりく》を目の当たりにした従軍記者達から送られる原稿は、翌日には新聞に掲載され、米海兵隊員が日本軍にバタバタと倒されている事実が正確に国民に知らされた。日本の末期の頃の大本営発表とは大違いである。

日本がアメリカと同じ内容を報じたのは唯一度、「硫黄島における日本の守備隊は英雄的な戦いを進めており、敵軍に多大な死傷者を出させている」とのラジオ放送だけだったと、ビル・D・ロスはそう記している（『硫黄島　勝者なき死闘』）。

摺鉢山における星条旗の写真も、アメリカのマスコミ界に君臨する新聞王ウィリアム・ハーストの目には海兵隊の悲劇の象徴と映った。ハーストは自分の所有する二十以上の新聞で硫黄島における犠牲の大きさを訴え、ニミッツを更迭してマッカーサーに指揮を執らせろと一大キャンペーンを張った。

アメリカ国民は星条旗の写真を見て、硫黄島をすっかり落としたのかと思っていたら、

かつて海兵隊員6人が星条旗を立てた場所。現在は小旗が翻る。右前方に見えるのは南海岸（写真／著者撮影、平成18年）

まだまだ何千人単位の戦死者が出る。アメリカは兵隊を殺されることを何より嫌うから、連日の報道によって当然の如く国民からは大きな批判が起こった。

もし大東亜戦争がパールハーバーの奇襲などという形で始まらなければ、この時に講和が成立していただろうと推測する評論家も多い。確かに、あれほどアメリカを怒らせなければ和平の機会は幾らでもあった。しかし、ことここに及んでは万《ばん》やむなし。栗林中将は、大本営陸軍作戦部長の真田穣一郎少将が硫黄島に訪ねてきた折、和戦の方法を講じるよう大本営に具申《ぐしん》せよと伝えたという話があるが、その真偽はともかく、一人でも多くのアメリカ兵を殺してアメリカに恐怖心を植えつけること、アメリカの国民性をよく知る栗林中将がこれを目指していたことは間違いない。

戦前のアメリカ人は、日本なんか中国の一部くらいに思っていた。あるアメリカ人が日本人に、"Which 'nese' do you belong to, Chinese or Japanese?" と聞いた。するとその日本人、"Which 'key' do you belong to, monkey or donkey?" と言い返した。今だったらどうということもないだろうが、戦前の日本人は凄くプライドを持っていたから、アメリカ人にチャイニーズかジャパニーズかと聞かれたこと自体、屈辱に感じた。

アメリカ人の多くは、日本人には戦争能力など全くないと考えていた。ところが驚くなかれ、パールハーバーを攻撃した。それから南方侵攻作戦を僅か三カ

「あなた達の死を無駄にはしない　リメンバー・パールハーバー12月7日」と書かれたポスター

月で完遂するほどの大戦力を持っていた。これには、アメリカ人は全く驚いてしまった。米太平洋艦隊もイギリス東洋艦隊も全滅した。ミッドウェーではアメリカが一矢報《いっし》いたものの、その後、日本海軍によって米航空母艦が南太平洋海戦（ラバウル、サイパン・テニアンの中間地帯）で全滅させられた。だがその後、東條英機参謀総長の戦略ミスから水際作戦を採り、陸軍の守備隊はあっという間に壊滅状態となってしまった。

ところが、アメリカはまた逆に驚いた。サイパンでも、テニアンでも、またフィリピンにおいても、同じく東條英機参謀総長の判断ミスから、陸軍はあっという間にやられてしまった。だから、日本というのは弱いと思ったらめちゃくちゃ強い、強いと思ったら案外弱い。これがアメリカ側の印象である。それが最後になると、硫黄島は五日で落とせると思っていたのに、一カ月以上の大奮戦となったではないか。

日本の大本営も、硫黄島があれだけ頑張れるとは思っていなかった。栗林中将は大本営が予測した以上の作戦を遂行した。そこでアメリカの考え方はまたまた三度目の逆転をする。やっぱり日本人は強い。だから、アメリカ人は硫黄島の戦闘には今でも物凄い関心を持っている。その後、栗林戦法でアメリカに勝利したベトナム戦争を除けば、朝鮮戦争や湾岸戦争でも、これほど強烈な印象を与えた戦闘はなかった。今や硫黄島参りはアメリカ

摺鉢山山頂の米軍戦勝記念碑。聖地硫黄島を訪れた米兵が認識章を巻きつけていく。左前方に見えるのは西海岸（写真／著者撮影、平成18年）

兵の聖地詣でとなり、軍人が首から下げる鎖のついた認識票が、摺鉢山山頂の戦勝記念碑には山の様に巻きつけられている。

硫黄島の戦闘で日本軍が余りにも強いのを見て、アメリカはこんな強敵と戦争をするのはもうごめんだと考えた。講和こそ出来なかったけれども、アメリカ軍は遂に、本土（本州、内地）には上陸しなかった。九州に侵攻する計画もあったのだが、あんなに小さな島で三万人近い戦死者・戦傷者を出したのだから、内地に侵攻したら少なくとも二六〇〇万人は殺されるだろう。アメリカはそう計算した。

硫黄島を取った後、アメリカ軍は沖縄上陸作戦を開始したが、沖縄における日本の反撃も、実に熾烈《しれつ》なものだった。硫黄島に続いて沖縄でもアメリカは非常に苦しんだ。これで沖縄から更に九州へ上陸する作戦は取り止めになった。日本の内地に入ったら、九州にも本州にも山が沢山ある。戦車が攀《よ》じ登るのもひと苦労だ。日本も、本土決戦ならかなりの抵抗ができると思って覚悟を決め、準備をしていた。アメリカはそれを恐れた。

硫黄島は、結局は玉砕したが、人類の戦史の中でかつて例のない果敢な戦いであった。戦後の日本にとってその戦果（戦いによって得た成果）は非常に大きい。日本の繁栄に大変な功績を齎《もたら》したと言わねばならない。何故なら、この戦いの御蔭を持って本土決戦をせず、戦後の日本に圧倒的に有利な安全保障条約を結び、高度成長の繁栄を招いたからだ。神風はまさに戦後に吹いたのである。

日本に有利になったポツダム宣言

先述したように、真珠湾の奇襲がなかったら硫黄島の戦いの途中で講和できたかもしれない。しかし、硫黄島の時にアメリカが講和を申し込んできた場合と、ポツダム宣言をさせた場合と、どちらが有利だったのか。それは今のところわからない。

連合国軍最高司令官として、日本の降伏文書にサインするマッカーサー（ミズーリ号にて。1945年9月2日）

　というのは、ポツダム宣言には、よく読んでみると驚くべきことが書いてあるからだ。日本人は未だに気が付かないようだが、初めにどういうことが書いてあるかというと、曰く「我々は日本人を奴隷にするつもりもなければ、皆殺しにするつもりもない」と書いてある。ということは、アメリカ人がインディアンの部族を征服した時には実際にそういうこともあったということだ。日本人など、インディアンと余り違わないとアメリカ人は思っていたから、こんなに抵抗するというのは、ことによったら日本人は、降伏したら奴隷にされるか皆殺しにされるんじゃないかと誤解しているのかもしれない。アメリカは、そう考えた。

日本人の学者・評論家で、ポツダム宣言にそう書いてあることに注意をした者は誰もいない。その文面の後で、我々の条件は次の如し、といろいろ書いてある。もし、硫黄島の戦闘中に終戦になっていたら、アメリカ軍はどんな条件を出してきたであろう。いずれにせよ、ポツダム宣言のほうがより有利な条件となっていたのではないだろうか。

どちらの場合でも、アメリカ一国だけが日本の相手であることには変わりはない。硫黄島だって、日本が戦ったのはアメリカだけだ。

ソ連もイギリスも、一兵たりとも参加していない。英米仏カナダ軍が参加した、対ドイツのノルマンディー上陸作戦とは根本的に違う。

ドイツは今でも親日的だが、その理由は何故かと問えば、過去の同盟国の中で最後までドイツを裏切らなかった国は日本だけだという。まさしくその通りである。何時の場合でも、第一次大戦でもナポレオン戦争の時でも、ドイツの同盟国は必ずドイツよりも先に敵に降伏している。第二次世界大戦時に日本が降伏したのはドイツよりずっと後である。そんなことはそれまでになかったから、ドイツも日本が非常に強かったということを認めている。

そのドイツ最後の時には、北からはソ連軍、南からは英米軍が攻め入ってきた。ところが、日本の近くまで攻めてきたのはアメリカ軍だけだ。イギリス軍は非常に遠くにいたし、オランダやフランスなどピクリともしなかった。中国軍は日本軍に負けっぱなしであった。日本軍が硫黄島で戦ったのはアメリカ軍だけだ。ところが、アメリカ最強の海兵隊が日本の三倍の兵力で攻めても、死傷者数がアメリカのほうが多いのだから凄い。だからこの戦いは「勝者なき死闘」であったと言ったのもアメリカだ。こんなに強い日本と戦うのは、もう止めておこうというわけで、アメリカは原爆を使用してポツダム宣言を発表した。実は、これで明らかに日本が有利になった。

昭和二十年（一九四五年）八月十五日、鈴木貫太郎内閣がポツダム宣言を受諾した。硫黄島であれだけ徹底抗戦した日本があっさりと受けたのだから、それは、アメリカにとっても意外なことだった。

原爆のせいで日本には名目がたった

もう硫黄島のような戦死傷者を出したくなかったアメリカが打った手というのは、一つは原爆投下、一つはソ連を煽って対日戦に引き込んだこと。それからもう一つはポツダム宣言である。反論もあるだろうが、よく考えてみれば、この三つは日本にとって非常に有利に働いた。

原爆を落としたことに対してアメリカは、日本に謝罪はしないと言っているが、実質的には大変な謝罪をしている。なぜかと言えば、その後、原爆を一切どこにも落としていない。一九八七年には米ソ間の中距離核戦力（ＩＮＦ）全廃条約で使用を禁止した。多くの人を殺す残虐な兵器であるということをアメリカが認めた。そんな残虐な兵器をアメリカが使ったから、日本は止む無く戦争を止めたのだということになる。

アメリカが原爆を開発した目的は何だったのか。今の北朝鮮の核開発などとは全然意味が違う。

ナチスが原爆を開発していたからだ。ドイツに負けないためである。当時のドイツの科学力は世界一だったし、オットー・ハーン博士やハイゼンベルク博士など、今にも原爆を作りそうな学者がたくさんいたから、ほったらかしにしておいたら、間もなくドイツが完成させてしまうだろう。アメリカはそれを恐れた。ユダヤ人であるアインシュタイン博士も、ルーズベルト大統領にドイツより先に原爆を作れと強引に勧めた。

一九三三年、ナチスの迫害を逃れてアメリカに亡命したドイツ生まれのアインシュタインは世界一の物理学者だ。そのアインシュタインが勧めたのだから、まあ仕方がないと、ルーズベルトは一二〇億ドル、今なら一二〇億ドルなど大したことはないが、その頃で言ったらべらぼうな額だ、その大予算を無理にも使って、マンハッタン・プロジェクトでアメリカは何とか原子爆弾を作ってしまった。

原爆投下のため広島へ出撃するポール・W・ティベット飛行士とエノラゲイ号（1945年8月6日）

　ところが、せっかく完成させた時にはヒットラー総統の率いた第三帝国は既に滅んでいた。ドイツはすでに降伏していた。そこでドイツに対しては使うに使えず、結局、もう日本とこれ以上戦いたくないので「日本に落としてしまえ」ということになった。被爆地の悲惨な状況は別として、それが日本にとって、どんな利益になったか考えて見たい。

あの時の戦局を客観的に見れば、アメリカの潜水艦によって南方からの連絡は閉ざされていたし、そのせいで日本の経済力は、殆ど枯渇《こかつ》しかかっていたから、最早《もはや》日本に抵抗する力はなかった。

どのみち日本はアメリカに負けていたのだが、アメリカが原爆を落とした御蔭で、日本は戦闘では負けなかったが、原爆を落とされたから止む無く降伏したのだという名目が立った。これがアメリカ市民に強烈な印象を与えた。

何故なら、日本は本土決戦の準備をしていたくらい、まだまだ強く、力が残っていたのに、原爆を落とされたから、ともかく降伏したのだ。そういうことになった。だから、米軍にもアメリカ社会にも、日本は強いという強烈な印象を残したまま戦争が終結した。それがアメリカおよび他の各国に対してどういう影響を与えることとなったのか。

まず、ソ連の発言力が全く無くなった。一番簡単に考えつくのはそのことであろう。日本が降伏したのは、アメリカが原爆を投下したことが最終的な要因となった。ソ連はアメリカの手伝いなど、殆どしなかった。発言力がないから、ソ連が「北海道を占領させてくれないか」と言ってきた時、マッカーサーに直ちに断られた。これに対して、ドイツは四カ国に占領されてしまった。

原爆の使用によって、日本はアメリカだけに負けたんだということになった。その事の持つ意味は極めて大きい。だから日本を占領したのは、アメリカ一国だけであった。イギリスもソ連も入っていない。中国にいたっては日本に対して百戦百敗だから、何の発言力もなかった。ドイツは米英仏ソの四カ国によって占領され、独立後も四つに分かれた。日本にはそんなことは全然なかった。アメリカがソ連を蹴っ飛ばしてしまった。イギリス、フランス、中国は言うに及ばず。ドイツの場合には最後までソ連が大きな発言力を擁した。ドイツが東西統一を成し遂げてようやく完全な独立国になったのは、ソ連解体（一九九一年十二月）の後だったから、日本とは随分違う。

神風は戦後に吹いた

原爆を落とさざるを得ないほどの恐怖をアメリカに与えた硫黄島戦闘の御蔭で、戦後の日本は米軍を殆ど無償で使うことができるようになった。一言で言うなら、敗戦国にして戦勝国を傭兵《ようへい》にしたのが、日本に有利な日米安全保障条約である。戦後、アメリカは初めは無償で日本の安全を保障してくれた。

この時、日本の左翼と称する人々は六〇年安保闘争と称し「安保反対」を唱えて岸内閣の改定条約に猛反対し国民を扇動した。この者達の一番滑稽《こっけい》なところは、条文を一行も読んでいないことである。後にそれを彼ら自身が認めているが、日本の左翼と称する者達はいつもこのパターンである。

戦後、相手に軍縮を押し付けるということはよくあるが、軍縮というのは大概講和条約で決める。例えば、ベルサイユ講和条約の如し。ところが、アメリカは日本に新憲法を作らせて軍縮を決めた。しかもその代わり、アメリカは日米安全保障という条約で、日本に対して実質的に無限大の義務を負うことになった。敗戦国にとってこれほど一方的に有利な条約は歴史上類を見ない。

即ち、余り大きな軍隊を作ってはいけないという制限をしたが、歴史的に見ると、憲法においてその様な事が定められたのは日本だけである。例えばベルサイユ条約の様に、こういう事は全て講和条約によって軍事制限を課されるのが常である。

憲法で定められたことにどういう意味があるか。憲法で定めるのと条約で定めるのとでは、どこが違うのか。

条約は、二国間による取り決めである。だから、もし条約を破ったら相手国は攻めてくるかもしれない。しかし憲法は日本国内だけの問題だ。憲法を改正して軍備を増強しようが核を持とうが、相手国、つまりこの場合はアメリカも、攻めてくる訳にはいかない。その上、憲法をアメリカに押し付けられたことを理由にして、日本はアメリカを拘束することすらできるようになった。

日本国憲法第九条は、戦争放棄を謳《うた》っている。このことは逆に、アメリカに対して出兵を拒否する事の口実となっている。朝鮮戦争然《しか》り、湾岸戦争然りである。

しかも、日本にとって日米安全保障条約ほど経済的に有利な条約はなく、アメリカにとってこれほど不利な条約はない。何もしなくてもアメリカが一方的に日本を守ってくれる。多額の軍事費を捻出《ねんしゅつ》する心配もなく、それで高度成長も可能になった。そして一時はアメリカも追い抜くほどの一人当たりのGNPを記録するまでになった。

何故そんな有利な安保条約が可能になったかと言えば、結局は硫黄島の激烈なる戦いである。

あれほど劣悪な条件下で信じれらないほどの強さを見せた日本軍と戦争するくらいなら、どんなに税金を払おうと、そのほうがまだましだと、アメリカ人が心から思ったからだ。

硫黄島の兵士達の功績というのはべらぼうに大きい。

その意味では、日本に神風が吹いたのはまさに戦後になってからだ。朝鮮戦争（動乱）が起こっても日本は軍隊を送る必要がなかった。そのどさくさに経済復興ができた。ベトナム戦争時も然り。韓国軍は米軍と一緒にベトナムに派遣されたが、日本の自衛隊は一切お構いなしだった。そもそも、お隣の韓国軍がベトナムで死闘を繰り広げていることなど、殆どの日本人は全く知らなかったし、今でも知らない。唯ひたすらに経済復興にのみ専念していた。

イラク戦争の時でもそうだ。日本の自衛隊も復興支援の平和部隊としてイラクに出兵したが、日本に限っては一番安全なところへ駐留した。それも巡りめぐっては、やはり硫黄島の御蔭だ。もしも自衛隊が実戦体験を得たら、硫黄島守備隊の如く強い兵隊になるに違いない。そんなことならアメリカが犠牲を払っても安全な所に置いたほうがましだと思ったからだ。今でも硫黄島の影響は絶大である。

イラクでも、硫黄島における戦闘方法の如く、アメリカが戦争終結宣言をしてもイラク軍はゲリラ戦法で抵抗を続けている。それで米軍は多大な損害を受けている。

しかし、そのイラク軍もイラク駐在の日本の兵士には何もしなかった。これは忘れるべきではない。

　というのは、今の自衛隊というのは名前こそ違っても、旗も記章も旧日本軍とそっくりだ。日本軍がべらぼうに強いことをイラク人もよく知っている。

　考えてみれば、今の自衛隊ほど結構な身分はない。何故ならば、軍人でありながら戦争には行かない、従って戦死する心配も全然ない。何故そんな兵隊ができたと思いますか。一度でも考えてみた事がありますか。

　アメリカが硫黄島で日本軍の強さを身に染みて感じたからだ。これほど強い兵隊をもう二度と作らせてはならない。同盟国でありながら、自衛隊が米軍を少しも助けられなくても仕方がないと思っている。アメリカが助けて貰ったら、本当に強い〝あの日本軍〟の復活になってしまうではないか。だから、自衛隊がどんなに我儘《わがまま》を言っても、「まー、よしよし」ということになる。

　全然戦闘しない軍隊など、世界中で我が自衛隊だけだ。そもそも、明確に軍隊でありながら「自衛隊」という言葉を使っていることが可笑しい。英語では〝Japanese Army〟〝Japanese Navy〟〝Japanese Air Force〟と言うが、正式には日本陸軍とも、海軍とも、空軍とも呼ばない。それもこれも、正式な呼称を許したら、日本軍が力を付けて今にも刃向かってくるんじゃないかと、内心では恐れ抜いているからだ。

硫黄島は日本経済の神様

自衛隊の話だけではなく、日本があれほど我儘な経済成長ができたのも、日米安全保障条約によってアメリカがそれを許したからだ。日本は国防に金を使う必要が全くない。敗戦以来、アメリカがずっとただで守ってくれている。それで日本は防衛費を全部他へ回して経済成長に全力を投入し、一時期は一人あたりのＧＮＰがアメリカを上回る以上の金持ちになった。

普通、そんな条約は有り得ない。硫黄島の戦いは日本の経済成長にも資するところ大であった。

敗戦国がそれだけの経済大国になるなど誰が予想できたであろうか。日本は実業家も政治家も本質的には勉強不足なので、経済戦争でもまたアメリカに逆転されそうだが、一時期は、アメリカの学者が「二一世紀は日本の世紀」と言ったほどだった。敗戦後大分《だいぶ》経ってから戦争が終わったことを知り突如帰国した元日本兵は、見事な復興ぶりに皆日本の敗戦を信じ難かった、という。

日本の高度成長が顕著になったのは、昭和三十五年（一九六〇年）に成立した池田勇人内閣の所得倍増政策からだが、その根本を作ったのは岸信介であった（安倍晋三元総理大臣の祖父である）。

どれほどこの水を飲みたかったか……

三十二年（一九五七年）に組閣した岸信介が総理大臣の時に、高度成長が始まった。六〇年安保条約の改定を行なったのも岸だが、彼は東條内閣の商工大臣として開戦詔書に副署した人物である。

その岸信介内閣を最も強く支持したのはどこの国だったか。なんとアメリカであった。普通だったら、「こいつはアメリカに戦争を仕掛けた奴だから絶対に許さない」となるところだ。それが逆に最も強く支持した。というのも、岸は利口な奴だからアメリカに手向かうことはもうないだろう、と判断した。それが理由だ。実際、その通りだった。だから、岸に高度成長をやらせてみよう、ということになった。

その岸の高度成長の手本になったのが、満洲国である。昭和七年（一九三二年）に建国された満洲国は大変な高度成長を遂げたが、その指導者が商工省の一局長時代の岸信介であった。

それも元を辿れば、結局は硫黄島守備隊が奇跡的に頑張ったからである。こんな小さな島で、アメリカ軍に自国の軍隊と同じだけの大損害を与えたのだ。もう日本と戦争するのは絶対に嫌だと、勝った国にそんな印象を与えた例がどこにあるか。勝利国は、「こんなに勝ったんだからそのまま相手国に攻めていって潰してしまえ」と、ローマとカルタゴの戦争同様そう思うのが普通だ。ところが負けた日本の方が勝ったアメリカと肩を並べる経済大国になってしまった。

その意味では、恐らく栗林中将は思った以上の結果を得られたと言っていいだろう。硫黄島の英霊は単に靖國神社で弔《ともら》うだけでなく、日本経済の神様としても祀《まつ》らなくてはならない。コップ一杯の水も、硫黄島兵士の困苦を偲んで有難く飲まなければいけない。

右翼も左翼も不勉強

だが、硫黄島から受けたこれだけの恩恵を現代の日本人は全く顧みようともしない。硫黄島は、東京都の一部であるにもかかわらず、韓国の領土か沖縄の島かと思っている人もいる。いや、硫黄島そのものを知らないのだ。

クリント・イーストウッド監督の硫黄島二部作で、初めて硫黄島という名前を耳にした若い人も多いだろう。ハリウッドでは一九四九年（昭和二十四年）にもジョン・ウェイン主演で『硫黄島の砂』という映画が作られているが、日本で硫黄島の映画を作るとか、作ろうなどという話は聞いたこともない。

大東亜戦争から何の教訓を得てもいない。原爆のせいで止む無く降伏したという名目が立ったことには先述したように幸運な面もあったが、その代わり、日本は軍部の指導者や戦術の失敗も全て認める必要がなくなった。

潜水艦戦の失敗こそ日本最大の間違いだったが、これも全てなかったことにされた。潜水艦というのは敵の航空母艦を沈めるものだからと、潜水艦が輸送船を攻撃してくる可能性を日本海軍は一切考えていなかった。御蔭で輸送船がどんどん沈められてしまった。全くバカな話だ。日本の造船力は凄く優秀だったから、一〇〇トン位の小さな駆潜艇を沢山造っておけば、潜水艦など排撃するのは簡単であった。

当時の潜水艦の水中速力というのは一〇ノット強であったから、一〇〇トンくらいの小さな駆潜艇で十分だ。ヘリコプターを積んでいれば完璧である。そんな駆潜艇なら、造ろうと思えば安い費用で幾らでも造れたのに一隻も造らなかった。これが日本の大失敗なのである。同時に不勉強であり、過去の戦争に全く学んでいない。

第一次世界大戦を反省すれば直ぐに分かったはずである。第一次世界大戦ではイギリスが世界一の海運国であった。ドイツは世界第二位。そのイギリスとドイツがジュットランド（デンマークの北海とバルト海との間に突出する半島）沖で戦った。そのジュットランド沖海戦（一九一六年）における損害はイギリスの方が大きかったけれども、イギリスの六割の兵力しか持たないドイツ艦隊は結局もとの軍港に逃げ帰らざるを得なかった。そして戦争が終わるまで、ドイツ艦隊はそのままウィルヘルムスハウヘン軍港に立て篭もったきりだった。だから、イギリスの海上封鎖は完璧であった。

にもかかわらず、イギリスは負けそうになった。何故か。ドイツが潜水艦でイギリスの民間輸送船を片っ端から沈めてしまったからだ。そのためにイギリスは餓死寸前となった。ところが、時のイギリスの首相、ロイド・ジョージが物凄く偉かった。駆逐艦と水雷艇で、商船の護送船団を組織してドイツの潜水艦を攻撃せよと命令した。勿論海軍の提督は猛反対した。駆逐艦と水雷艇は戦艦を護衛するのが本来の役割であって、商船を守るためにあるのではない、と。英国経済が破綻しそうだというのに、老提督たちは頑迷であった。だが、総理大臣の命令とあれば止むを得ない。その結果、潜水艦退治は大成功し、イギリスは救われた。

しかし、よく考えてみれば潜水艦の速度は物凄く鈍《のろ》い。実は駆逐艦も水雷艇も必要ないのである。低速の駆潜艇を沢山造ればそれで十分なのだ。にもかかわらず、日本海軍はそれすらやらなかった。たかだか二十数年前の戦史も顧みてはいない。ロイド・ジョージ英首相のこのアイディアを思い出す指導者は日本にはいなかった。今でも、ロイド・ジョージは偉いなんて教科書のどこにも書いていない。

もう一つ、左翼も右翼も全く見逃しているのは、それほどの手柄を立て英国を救ったロイド・ジョージが、後にハイル・ヒットラー、ナチスの信奉者になったことである。英国の労働党を始め、ナチスほど立派な労働政策を行なった党は一つもない、というのがその理由であった。マルクス主義によれば資本主義は必ず崩壊することになっているが、ヒットラーは社会主義者でありながら、資本主義は改良できると言っている。ロイド・ジョージはそれを知っているから、ヒットラーはやはり偉いと心酔した。

そういうことを日本の左翼は全然知らないから、共産党の地下活動で投獄された河上肇《はじめ》が一九一七年、『貧乏物語』で熱烈なロイド・ジョージ賛歌を書いている。日本の左翼や右翼は斯《か》くも不勉強なのである。

兵器は使うだけが能じゃない

日本は大東亜戦争に対する全体的なグランド・デザインを持っていなかった。全く行き当たりばったりだった。

上手くやれば勝てるチャンスは幾らでもあったのに、何もしなかった。いや、そもそもアメリカと戦争する必要もなかった。

「アメリカのハル・ノートが余りにも無謀だったから、対米宣戦をせざるを得なかった」

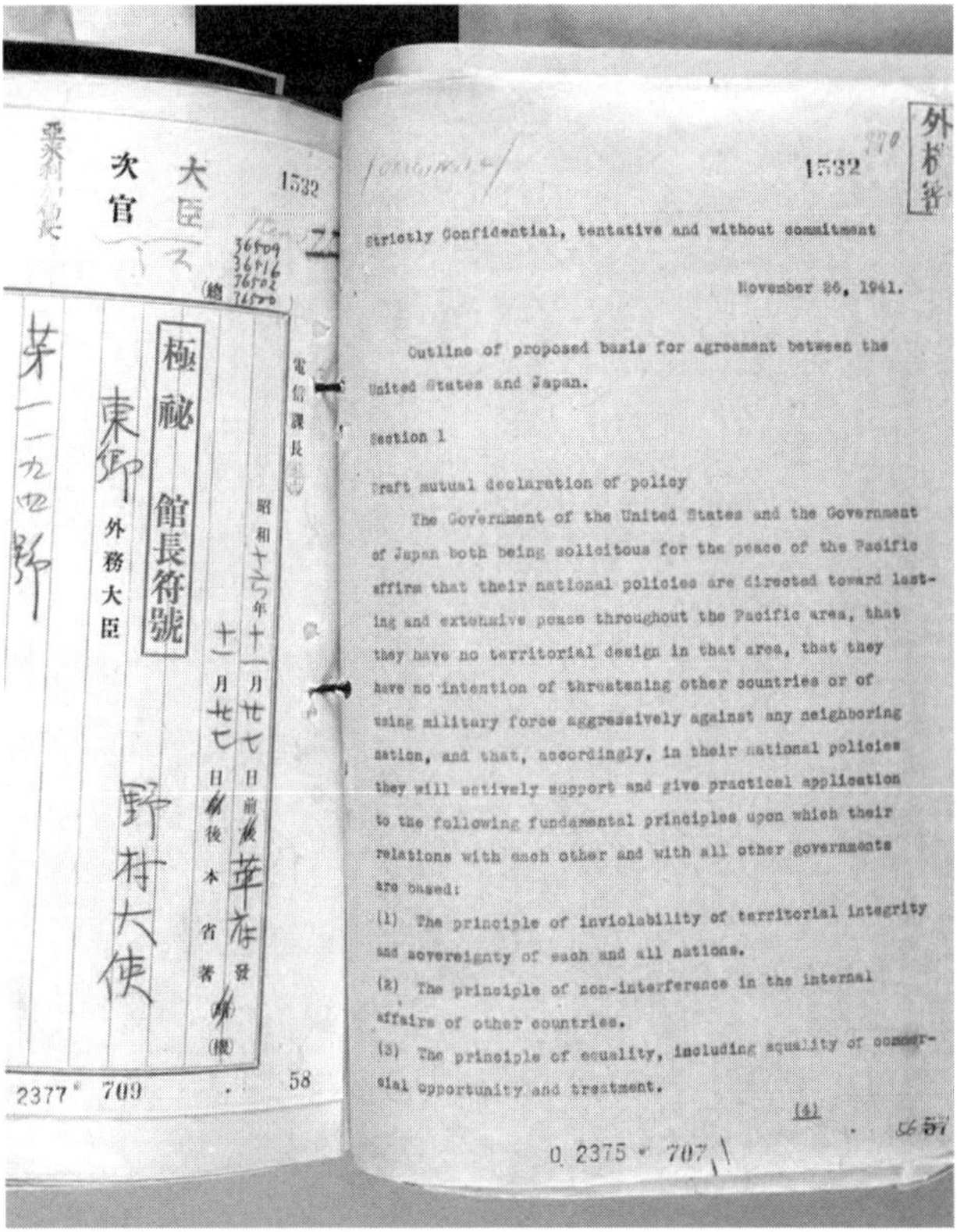

大臣
次官
1532
電信課長
極秘
館長符號
東郷 外務大臣
野村大使
昭和十六年十一月廿七日 前後 発
十一月廿七日 前後 本省着
2377　709　58

1532

Strictly Confidential, tentative and without commitment

November 26, 1941.

Outline of proposed basis for agreement between the United States and Japan.

Section 1

Draft mutual declaration of policy

The Government of the United States and the Government of Japan both being solicitous for the peace of the Pacific affirm that their national policies are directed toward lasting and extensive peace throughout the Pacific area, that they have no territorial design in that area, that they have no intention of threatening other countries or of using military force aggressively against any neighboring nation, and that, accordingly, in their national policies they will actively support and give practical application to the following fundamental principles upon which their relations with each other and with all other governments are based:

(1) The principle of inviolability of territorial integrity and sovereignty of each and all nations.

(2) The principle of non-interference in the internal affairs of other countries.

(3) The principle of equality, including equality of commercial opportunity and treatment.

0 2375 707

「ハル・ノート」。野村大使から東郷外務大臣宛に電送されたもの。昭和16年(1941年)11月27日、野村・来栖両大使はハル米国務長官と会談。ハルは日本側「乙案」の拒否を示す「ハル・ノート」を提示したとは外交を全然知らない者の言うことだ。しかもハル・ノートそのものを正しく読んですらいなかったに違いない。

何故ならば、ハル・ノートには無理難題が書いてあったのは事実だが、何時までに実行せよ、即ち中国から何時までに撤兵しろとは一言も書いていない。第一に日付が書いていない最後通牒なんてある訳がない。これは絶対あり得ない事であるという事さえ理解していなかった。そして現在に至るまで、この点を指摘した学者及び政治家、評論家はいない。

だからこそ日本はこれを受諾しても、のらりくらりとしながら「中国から撤兵しまぁーす、撤兵しまぁーす」と言いつつ大陸縦断大作戦を発動して、全力を以って重慶を占領すれば良かった。アメリカが怒っても、「あのハル・ノートには期日がどこにも書いてないじゃありませんか。そのうち撤退しますから」ととぼけておれば、アメリカは文句が言えない。という訳で外交官も軍人も無能であったし、政治指導者は更にずっと無能であったため、あんな形で宣戦布告をすることになってしまった。

実はアメリカも、日本とは戦争をしたくはなかった。何故なら、一九四〇年（昭和十五年）の大統領選挙において、ルーズベルトははっきりと「私が大統領である限り、絶対に戦争は致しません」と公約をした訳だ。

アメリカの政治家にとって、公約の重みは大変なものだ。日本みたいに平気で公約破りをしようものなら直ぐに政治生命の危機となる。日本は、大統領や総理大臣が公約するということの意味すら分かっていなかった。今も同じだ。

それに、考えてみれば、その時アメリカがどうしても戦争しなければならなかったのは、イギリスを助けるための対独戦争だった。今にもイギリスがドイツにやられそうだから、できればドイツとだけ戦争をしたかった。それがルーズベルトの腹だ。そんなことも読めないんだからどうしようもない。日本の外交音痴は当時から同じだ。

対日宣戦布告書にサインするフランクリン・ルーズベルト（1941年12月8日）

例えば、「大和《やまと》」や「武蔵《むさし》」のような凄い戦艦を造ったのだから、完成した時に大々的に発表すればよかった。そうしたらアメリカ軍もイギリス軍も驚天動地する。「陸奥《むつ》」「長門《ながと》」でさえアメリカの戦艦より遥かに強かったのだから、日本の戦艦には敵う訳がないと震え上がる。そうすればどんな無理難題を吹っ掛けても、日本と戦争など出来なかったのに、日本は「大和」と「武蔵」の存在を秘密にしていた。

そこがバカだ。出来上がるまでは厳重に秘密にしておいて、完成したら発表すべし。戦争は始めたら絶対に勝たなければならないが、しないで済むならそれに越したことはない。それを日本は知らなかった。だから、苦心惨憺して世界一の戦艦、世界一の航空母艦、世界一の戦闘機を造っておきながら、全て秘密にしている。兵器は使うだけが能じゃない。それがあるというだけで用が足りることだってある。戦争に対する抑止力がある。どうしてそういう事も分からなかったのか。

その点でもヒットラーは利口だった。メッサーシュミットは当時世界一の戦闘機であった。時速は五九〇キロ。ところがメッサーシュミット１０９を造った時に飛ばした同型の試験機が七五七キロのスピードを出したので、ヒットラーは、メッサーシュミットの速力は七五七キロだと発表した。そこで英国もフランスもドイツとは絶対戦争はできないと驚き慌てた。

だからヒットラーは戦争を始める前に戦いで勝ったのと同じ成果を上げている。それは、はったりが成功しているわけだが、日本ははったりなどいわなくても、「大和《やまと》」「武蔵《むさし》」、それから航空母艦「瑞鶴《ずいかく》」「翔鶴《しょうかく》」「最上《もがみ》」クラスの超軽巡洋艦を、重巡洋艦に改造したとその存在を発表しただけで、同じ効果を上げられた。それなのにずっと秘密にしておいたのは全く訳が分からない。

その頃の日本の戦艦は特に大砲の命中率が凄かった。その事を山本五十六大将でさえ全然知らなかった。連合艦隊司令長官なら日本戦艦の命中率と、敵であるアメリカの戦艦の命中率くらい知っておくべきであろう。それを日本の軍人が反省したのは、戦後になってデータがわかってからである。

戦後に反省しても遅い。戦前に黛治夫大佐がそういうことを正確に調べているんだから知っておくべきなのに、誠に信じられないことだ。

日本の戦艦も、航空母艦も、巡洋艦もアメリカよりも遥かに強いんだということを司令長官が知っていれば、あのような戦いの仕方はしていなかったであろう。それどころか、そのことを発表すればアメリカもイギリスも尻尾を巻いて、中国くらいどうぞ取ってくださいとばかりに無理難題を引っ込めたはずだ。それだけの材料がありながら、日本が戦争に追い込まれたのは、正に愚の骨頂と言う他はない。

太平洋よりインドとアフリカだった

それでも結局、米英との戦争を始めてしまったのだから、とにかく勝って有利な講和条件で終わらせなければならない。従って、真珠湾とマレー沖海戦で奇蹟的な大勝利を収めたのだから、日本の機動部隊をインド洋に持っていき、アフリカのマダガスカル島を占領して紅海に出ればよかった。その時北アフリカで何が起こっていたのか。

ドイツのロンメル将軍と英国の第八軍とが決戦中であった。

ロンメルの目指す最終目的はスエズ運河だ。中近東の石油地帯。そこを狙っていた。チャーチル英首相は「スエズ運河を失うことは、ロンドンを失うよりも英国にとって致命的である」と言った。

だからイギリス軍も防衛に必死だった。イギリスは大船団がアフリカ喜望峰回りで物資を第八軍に送る。ドイツはシャルンホルスト、グナイゼナウの高速戦艦でそれを襲おうとした。ところがイギリスの戦艦は旧式ながら主砲は一五インチ、つまり三八糎《センチ》だ。ドイツの戦艦は最新式とはいえ主砲は一一インチ、これは二八糎なのだから大きさが全然違う。どれほど優秀な戦艦であってもイギリスの輸送船に近寄れない。

そこでヒットラーは日本にイギリスの戦艦を撃沈してくれと頼んできた。そうすればドイツはイギリスの輸送船を全て分捕ることができて、イギリスの補給を絶つことができる。そしてロンメルはスエズ運河から中近東の石油地帯を容易に占領することができる。万々歳だ。

真珠湾でアメリカ太平洋艦隊を全滅させたといっても、米本土に上陸してワシントンまで攻めて行った訳ではないのだから、インド洋で英国艦隊を撃滅する力は十分にあった。

実際に昭和十六年（一九四一年）十二月十日のマレー沖海戦で第一東洋艦隊を全滅させたし、インド洋に行った我が第一航空艦隊が余りにも強いので、残りのイギリス戦艦はみな逃げ回っていた。だから、ついでにイギリス第二東洋艦隊も全滅させてくれとヒットラーが言ってきた。それに応えて第二東洋艦隊もまた全滅させるべきであった。

山口多聞少将は名将である。一気に第二東洋艦隊も全滅させてマダガスカルを取ってしまおうと主張した。だが、第１章で述べたように、日本はドーリットル空襲にうろたえ、アメリカに目を向けてしまった。そこが日本のバカなところだったのだ。

しかし、実はドーリットル空襲による損害は殆どなかった。東京空襲なんて、名前は華々しくても何の結果も生まないような道楽をアメリカ機動部隊がやるのなら、これがチャンスだと思って、日本の機動部隊はインド洋に留まり、飽くまで英国の第二東洋艦隊全滅に全力を注ぐべきであった。

零戦は当時世界無敵であった。イギリスの最新鋭戦闘機スピットファイヤーでもあっという間に落とせたから、旧式なイギリスの航空母艦、ましてやイギリスの戦艦を全滅させるくらいの事は、零戦を積んだ山口多聞司令官率いる第一航空艦隊にとっては朝飯前であったはずだ。イギリス艦隊を全滅させれば、喜望峰を回ってくるイギリスの輸送船はドイツの潜水艦と戦艦の絶好の餌食《えじき》となる。英国の第八軍は忽《たちま》ち輸送を絶たれて、ロンメル軍に降伏する他ない。

そうしたら中近東の大油田地帯は日本とドイツで山分けだ。それを日本で主張したのは山口多聞少将だけであった。ロンメル軍にスエズ運河と中近東の油田地帯を占領させる準備をしろという意味の事を言っている。そうしたら石油が入ってこないからイギリスは忽ちお陀仏である。アメリカが自国の石油を送ってやるといっても、その時のアメリカの対潜水艦技術は非常に幼稚だったから、アメリカの石油を積んだ輸送船は、ドイツの潜水艦に片っ端から撃沈されていた。山口少将にはそういう天才的な閃《ひらめ》きがあった。

栗林中将に大勲位菊花章頸飾を

山口多聞少将と栗林忠道中将の共通点は、これまでの仕来《しきた》りや戦術を根本から考え直す能力を持っていたことであった。これは言うは易く行なうは難し。特に軍人にとっては非常に困難だ。

その極端な例が日本陸軍だ。アメリカが中国撤兵を強硬に主張した時、陸軍は飽くまでその要求を拒んだ。何故かと言えば「これまでに中国で死んだ一〇万の英霊に申し訳ないから」だという。そのせいで日米戦争となり、更に二〇〇万余の兵を死なせることになった。これは陸軍も海軍も軍隊がそれぞれ「共同体」であったことを示している。本来、軍隊というのは戦争をするための機能集団でなければならないのに、最もその点に欠けていたのが旧日本陸軍であった。

海軍でも、山本元帥がミッドウェーを攻略すると言ったら、あんな島を取っても何にもならないと殆どの人が思っていたのに、山本元帥は、真珠湾とマレー沖で大成功したため、以来、大変な権威を持ってしまって誰も反対出来なかった。

更に、年功序列の問題がある。当時から山口多聞を連合艦隊司令長官にすべきだという声があったし、彼が司令長官になっていたら日本が勝っていたという研究者は日本にもアメリカにもいる。実際、将来の連合艦隊司令長官間違いなしと海軍でも認められていた。ところが、「序列（年功序列）があるから」という理由で、国家危急存亡の折でも任命できない。このバカげた理由で結局、ミッドウェー海戦で戦史に名を留めるはずの名提督の人材は海の藻屑と消えてしまった。

機動部隊の司令長官は小沢治三郎が最適だというのが一致した見方だったが、それすら実現しなかった。南雲忠一の序列が一つだけ上だったからだ。

南雲中将は水雷戦隊の専門家だった。ここが日本の可笑しな所だが、日本では大事な任務には一番それに通じた人材を任命するというのではなく、序列に従って先輩から任命する。真珠湾攻撃の時は南雲中将が一番先輩だから、という理由だけで機動部隊司令長官に任命された。挙句《あげく》にサイパンという陸上戦の総指揮官にして殺してしまった。まさに陸《おか》に上った河童《かっぱ》の頓死《とんし》である。

南雲中将をどのように使えばよかったのか。最後のご奉公として、日本の機動部隊の司令長官として残すべきであった。あの人は何度も苦い経験をして、それでも最後は南太平洋海戦で勝っているではないか。その経験をもう一度生かして貰えば良かった。レイテ戦で使うべきであった。それをサイパン島の指揮官などにするから、何の仕事もできなかったのだ。

その点、アメリカは違っていた。日本にパールハーバーを奇襲された責任を取って、米太平洋艦隊司令長官キンメル提督を罷免《ひめん》し、その後任に選ばれたのはニミッツだった。ニミッツというのは潜水艦屋であって、しかもまだ少将の身分であった。海軍省の航海局長（日本の軍務局長）だった。しかしルーズベルトはこいつこそ、と思ったら二階級特進させて大将にし、先輩二八人を飛び越して太平洋艦隊司令長官に据える。この適材適所の人事はルーズベルトの一存によって決められたが、それでも誰も文句を言わない。

国家の存亡と国民の命がかかっている時に、年功序列とは唯唯呆《ただただあき》れてしまうが、では我々は呆れてばかりいられるのか。

戦後の官僚も役人も、みんな相変わらず年功序列で動いている。歴史の研究不足、合理的判断の欠如、論理的思考の不在。官僚は未だに帝国陸海軍のままである。その意味でも大東亜戦争から徹底的に学ばねばならない。日本はなぜ負けたのか。その原因の本質を探らねばならない。そのような体質は今もあるのか、ないのか。恐ろしいことではないか。

現代の日本人には余り知られていないが、『大空のサムライ』こと坂井三郎飛行士は、敵機六四機を撃墜し、しかも列機を一人も死なせなかった日本の撃墜王である。著書『大空のサムライ』は〝SAMURAI〟のタイトルで、世界各国でベストセラーを記録した。アメリカでは宇宙船アポロのアームストロング船長らと共に「空の英雄二十傑」の一人にも選ばれて、今も敬意を表されている。日本で忘れられ、欧米で敬意を払われている点は、アメリカが選んだ世界の猛将十傑の一人、栗林中将と共通している。

では何故、日本では余り知られていないのか。彼は海軍兵学校も出ていない。海軍大学も出てない。少年航空兵の受験にも失敗して、一般海軍志願兵に応募して戦闘機乗りになった。そういう兵士はどんなに手柄をたてようと、余り出世できない。日本は昔から学歴主義だから、そんな人を称えても仕方がないと考える。

坂井氏は平成十二年（二〇〇〇年）に惜しくも亡くなられたが、葬儀には厚木の米軍が大挙して参列した。日本の自衛隊からは空軍の幕僚長から花輪と弔電が届いただけであった。その翌月には、世界の空の英雄に対し厚木基地の米軍が弔意の飛行をすることになっていたが、中東での緊急事態のため取り止めになった。代わりに、翌年、アメリカのテキサスで坂井中尉に弔意を表す儀式が行なわれた。私は予定がつかず参列出来なかったが、帰国された坂井夫人の話では、遥か遠くからF15戦闘機が三機飛来し、中央の一機だけがどこまでもどこまでも上昇を続け雲の彼方《かなた》に消えていった。さながら坂井氏の魂が天に帰っていくような感動的な光景で涙が止まらなかったという。日本では全く何の追悼行事も行なわれなかった。

日本はこのような名誉ある兵士のために、何の追悼行事もない。軍人は何のために命を投げ出せるのか、皆さん考えたことありますか？　名誉があるから命を投げ出せるのだ。名誉のない軍隊ほど弱いものはない事を、歴史は証明している。

栗林中将は未だに日本人の尊敬を集めていると、アメリカ人もイギリス人もそう考えている。それが当然であろう。しかし、実際はどうか。日本の領土、硫黄島すら知らない。アメリカは歴史こそ短いが、歴史教育には、徹底したものがある。国家としてのアイデンティティを育成し、現在、そして将来にその教訓を生かすため、必死になって歴史の研究を行なっている。

かつて、私がマサチューセッツ工科大学（ＭＩＴ）で経済学を学んでいた時、ＭＩＴの図書館には日本海海戦の全資料が完全な形で揃っていた。大変な驚きだった。日本海海戦を勉強しようと思ったらＭＩＴの図書館に通いつめればいい。

ごく最近の例で、アメリカのかかわった戦争の研究データが必要となり、朝鮮戦争についての資料を集める必要が生じたが、防衛大学には三冊しかその資料がないという事が分かった。アメリカでは二年ほど前に朝鮮戦争に関する世界にある資料全てが公文書館に揃ったという事だ。徹底的に調べようと思ったらやっぱりアメリカまで行かなければならない。

良し悪しは別として、朝鮮戦争の御蔭で日本経済の復興が始まった訳だから、日本にとっては歴史的に重要な意味を持っているのに、日本ではその勉強ができない。学校でも教えようとしない。

硫黄島の戦いが現代の日米関係にどれだけ大きな意味を持っているか、それを理解し、思い出そうという政治家がいないのもおかしい。

本当の教育とは何なのか、今こそ硫黄島と大東亜戦争の意味を世界史的な視野から明らかにすることが重要である。日本にとってこれほど大事な戦争を忘れているなど平和ボケも極まれり。硫黄島が語り継がれているアメリカは、歴史教育を実に知悉《ちしつ》している国である。だからこそダイナミズムがある。硬直した日本の外務官僚とアメリカの柔軟な外交戦術を見よ。大東亜戦争時代の日本対アメリカの構図はなんら変わっていないではないか。戦争について何も知らずに外交ができるものか。戦争とは外交の延長上の一部であることを理解している日本人は誠に少ない。日本が大東亜戦争に負けたのは、日露戦争を研究していなかったからである。それと同じことが今起こっている。

現代では「戦前」「戦後」と大東亜戦争を境に歴史が寸断されてしまっている。それだけではなく、大東亜戦争は中国、韓国、北朝鮮の対日政策にいいように利用され、日本では戦争はただ「悪いもの」とされて省みられない。学校における歴史教育を考え直し、大東亜戦争を研究しなければ、将来の日米経済戦争にも対抗しきれないであろう。戦争は「終わったこと」ではない。歴史における普遍性を、戦争から読み取らなければならない。

それは企業でも同じことだ。知人の教授の話だが、再就職活動の際に大学で戦史を教えていたと言うと、「それが何の役に立つのか」と就職を断られたと言う。

歴史に学ばなかったために、余りに官僚的であった軍部は、起こさなくともよい戦争を起こし、数々のバカげた作戦を実行して日本を敗戦に導いた。それを最後に救ったのが栗林中将以下、硫黄島で戦った将兵達であった。彼らは最後の最後で命と引きかえに日本の失敗をひっくり返し、現在の繁栄を齎《もたら》した。全ては硫黄島の死闘の御蔭だ。栗林中将は自衛隊の恩人でもあり、今の日本人全体の恩人でもある。

栗林中将の意志は、中将亡き後も硫黄島の生き残った兵士を動かし、更に現代にも生きている。

これは、どうしても大勲位《だいくんい》菊《きっ》花《か》章《しょう》頸飾《けいしょく》を授与せねばなるまい。

終章

硫黄島の戦いにみる日本の伝統主義的社会構造

真珠湾奇襲を知らなかった東條英機

大東亜戦争の初め、東條首相（兼任で陸軍大臣と内務大臣。戦争末期には参謀総長をも兼任する物凄い権力を手中に収めた）は真珠湾攻撃を知らなかった。これは東條のみでなく、陸軍全体が知らなかった。誰もが驚くような話である。

何故かと言えば、日本軍の共同体の構造がそのようになっていたからだ。また、海軍の「大和」「武蔵」の排水量と主砲口径は機密事項であったが、これは陸軍の管轄外で陸軍憲兵は知らされていなかった。

専門用語さえ違っていた。例えば陸軍では軍を進める時に「出撃」というが、海軍では「出師《すいし》」という。両軍慣習もまた同様で、海軍の潜水艦では上官の敬礼も簡略されているところもあった。軍隊の私刑《リンチ》は禁止されていたが、例えば内務班ではよく行なわれていた。内務班は一つの共同体であり、将校（少尉以上の士官）がその外にいたからだった。この点に関して東條首相は偉く、リンチを止めさせた。

石原莞爾《かんじ》は、

「リンチをして貰ったほう（部下）が『ありがとうございます』と礼を言えば、上官は恐れ入ってリンチをしなくなるだろう」

と言った。

「共同体」とは内なる規範と外に対する規範とが違う社会のことを言う。例えば、ユダヤ人の社会がそうである。金銭の貸借に関して利子を取るか取らないかだが、ユダヤ人以外の人に対しては取っても良いが、内なるユダヤ人に対しては利子を取ってはいけないという（『ベニスの商人』のシャイロック参照）。こういうことを共同体の規範という。共同体の中では秘密でなくても外の人には秘密になる。

真珠湾攻撃は海軍の中にあっては共通の機密だから、外の人に知らせることはない。連合艦隊の航空戦隊がマリアナ沖海戦で全滅したことを栗林中将が知らなかったのも、海軍と陸軍とが違った共同体だったからである。両軍の間に立って情報を握っている大本営なる組織もまた共同体であり、海軍の情報を陸軍に知らせる訳にはいかなかった。陸軍の東條が、海軍が指揮を執り行った真珠湾攻撃を知らなかったという冒頭の驚くべき事実は、そうした理由による。

硫黄島の栗林中将を悩ませたものは、この日本の伝統主義的社会構造の矛盾を、一指揮官として一身に背負ったことにある。

「生死事大」

世界に類を見ない硫黄島の兵士の生き様のように、死んだほうがマシで早く楽になりたい、という兵士はまず世界中絶対にいない。仏教には「生死事大《しょうじじだい》」という言葉があるが、長年鍛錬を積んだと思われる僧侶でも、いざ死に臨めばうろたえるものである。

こんな話がある。ある時、偉い僧侶達が「この世はどうせ穢土《えど》だから早く死にたい。死にたい」と余りにも言うので「それでは殺してしんぜよう」という人が出てきた。そして何人かの僧侶が殺された。その後、その殺された僧侶達は殺した者に祟《たた》ったという。殺した者は「今頃、さぞや殺された僧侶達は御迦陵頻伽《おんかりょうびんが》(極楽浄土にいるという想像上の鳥。聞いて飽きることない美声によって法を説くとされる)の声に聞き惚れておられるのだろう」と思っていたところが、「よくもよくも殺しやがった」と化けて出た。

中世と近世と近代では根本的価値観が違う。

殺されて化けて出た偉い僧侶が言うには「いくら私でも人は殺されたくない生き物だ」

と言った。偉い僧侶でもいざとなれば死にたくはない。悟りにおいても全て、これが人間というものの本性である。

空閑少佐の自刃

どこの国でも捕虜になって悪いという規則はどこにもない。当時、ドイツの国防軍のパウルス元帥ですらスターリングラードで最後には捕虜になった。日本軍でも明治から昭和七年くらいまでは捕虜になることを許していた。

例えば、北方探検で有名な郡司成忠《ぐんじなりただ》大尉もロシア軍の捕虜になったが、大探検家の名声は維持できた。『敵中横断三百里』の建川美次《たてかわよしつぐ》斥候《せっこう》隊の一軍曹は、日露戦争で落馬してロシア軍の捕虜になった。やはり戦後、その大功ゆえに金鵄勲章《きんしくんしょう》を受章し、戦後日露戦争時の捕虜の件についてはお咎《とが》めが無かった。

捕虜に対する社会的非難は第一次上海事変のときから起こった。

重傷を負った空閑《くが》昇少佐が放置された状態で支那兵によって発見され、捕虜となって後に釈放されるということが起きた。その後、捕虜になったのは放置された空閑少佐に責任があるのか、それとも軍にあるのか、放置した部下にあるのかということが論争になった。最終的に空閑少佐は、捕虜になった責任を取り自刃《じじん》している。

日本軍は早くから支那軍が捕虜を極端に虐待することを知っていたので、支那軍の捕虜になることを特に嫌っていた。

支那事変の最中《さなか》も「捕虜になるべからず」という思想が強くあった。乃木大将に「捕虜になるくらいだったらむしろ死ね」という言葉がある。この思想が日本軍の中で次第に強くなっていった。この思想が完全に満たされたのが硫黄島の戦いであった。

ソ連参戦を呼び込んだ硫黄島の戦い

栗林中将の反撃が余りに凄まじかったため、終戦時、日本は連合軍（アメリカ）に領土の保全を確認した上でポツダム宣言を受諾し、戦争を終結することが出来た。そのような国は日本しかない。

同盟国ドイツの場合はヒットラーの最期で政府が消滅したため、列国（米英ソ仏）に四分割された。二度も滅亡寸前までいった大英帝国は、チャーチル首相が回顧録でも述べて

ヤルタ会談。米ソの秘密協定が結ばれ、ソ連の対日参戦と千島・樺太のソ連への引き渡しなどが決められた

いるように、ダンケルクの時にドイツ軍がもし一個師団（約二万人）或いは一個連隊（約二五〇〇～三〇〇〇人）を送り込んでいたなら、抵抗の仕様もなく消滅していたであろう。ヒットラーの詰めの甘さが大英帝国を救った。イタリアはパルチザンによって倒され、ムッソリーニは愛人と共に銃殺された。

アメリカはポツダム宣言を発し、更に原爆を投下して戦争を終結させたが、日本にはまだまだ反撃の力あり、と過大評価をしていたルーズベルト大統領は、ヤルタ会談においてソ連に参戦を呼びかけた。それは最終的に戦後の東西の冷戦のきっかけの下地をつくることになる。

これはルーズベルトの誤算だった。これも硫黄島の日本軍の反撃が余りにも激しかったためである。

戦争の幕を下ろした鈴木貫太郎首相

領土保全を占領軍に約束させ国体を維持した人物は鈴木貫太郎《かんたろう》首相である。

鈴木首相は、七回ほど奇蹟の生還をしている。真に命運の強い人であった。そのひとつは日清戦争において、清朝の大軍港・威海衛《いかいえい》からの生還だった。戦艦「定遠《ていえん》」を水雷艇で撃沈し生還を果たしたのである。二・二六事件の時は侍従武官長であり、全身に銃弾を浴びて死去したかと思いきや、またも生還した。

連合艦隊の司令長官の後、軍令部長となった。清廉で無欲の人は、その後に侍従武官長を引き受けたのである。終戦直前には組閣して戦争終結の大任を担い、御蔭で日本の統治機構はそのまま残った。三国同盟を結んだ同盟国のヒットラー・ドイツにも、ムッソリーニ・イタリアの最後にもない見事な終結であった。

日本は国家も国旗も軍旗（旭日旗）も残った。徽章《きしょう》も残った。菊のご紋も残った。円も残った。銭も厘も株式市場では残った。このような形で敗戦国が残った例は世界史上ない。

これはアメリカが硫黄島の戦いだけでなく、大東亜戦争もまた「勝利なき戦争」と認めたことに他ならない。その後に世界大戦は起きていない。つまり大東亜戦争が世界最終戦争となった。アメリカはまた、硫黄島のみならず、沖縄のような名だたる激戦地を全て日本に返還している。これまた世界史に稀《まれ》なことだ。戦勝国が敗戦国に領土を返還することはなかなかないことなのだ。

「勝者なき死闘」がよんだ戦後の復興

その上、日本はＧＨＱの公職追放令があったにもかかわらず、同じ人物が戦後も国政に用いられた。つまり人材が継続したのである。

特に岸信介は開戦詔書に副署した大臣でありながら、戦後復活して総理大臣になり、かつて商工大臣として任地した満洲国を手本として高度成長の先鞭をつけた。重光葵《しげみつまもる》は「大東亜宣言」における日本代表の一人でありながら、戦後外務大臣としてこれまた復活した。

これに対しドイツでは、シャハトやフォンパーペンを始め、ヒットラー内閣には戦後復活した人物はいない。イタリアも同様である。そして満洲国を手本とした日本は高度成長し、アメリカに匹敵する経済成長をして大国となった。換言すれば、軍事超大国をなした日本が経済超大国に変身しただけのこととも言える。

これらも全て、初期の日米安保条約の賜物である。日本にとってのみ有利な安保条約をアメリカが結んだというのも、日本とは絶対に戦争をしたくない、というアメリカ側の思いの結果であり、これみな栗林中将率いる硫黄島の日本軍の激闘の結果である。アメリカは硫黄島での戦いを「勝者なき死闘」と呼ぶが、戦勝国が、自らが勝った戦《いくさ》をそのように表現をすることは殆どないのである。

投降した二人にみる近代軍

硫黄島で何故に、あれだけの強烈な抵抗ができたのか。理由は日本側が今までにない、強力な新兵器を持ったからである。

ひとつは噴進砲（ロケット砲）、そして一五五ミリ榴弾砲。これは新兵器ではないけれども十分に戦車を破壊する威力を持ち、中国戦線でも重慶侵攻のために持ち入られていた榴弾砲と急遽呼び戻したその他の迫撃砲にも特殊威力のあるものが多数含まれていた。

種類	砲数	弾薬数
火砲（七五ミリ以上）	一二〇	一〇万発
重砲（一五五ミリ以上）	三〇〇	各五〇〇発
小銃・軽機	一八、〇〇〇	二、〇〇〇万発
迫撃砲（八センチ・十センチ）	一三〇	各八〇発
臼砲	二〇	各四〇発
噴進砲	七〇	各五〇発
対戦車砲（四七ミリ）	四〇	各一〇〇発
対戦車砲（三七ミリ）	二〇	各八〇発
戦車砲	二三	（不明）

また栗林中将の命令が一人ひとりの兵士によく徹底し、遵守《じゅんしゅ》されていたことにもある。

山蔭光福《やまかげこうふく》兵長と松戸利喜夫《まつどりきお》上等水兵は、玉砕後四年間も硫黄島に篭城《ろうじょう》していた。その間、軍紀（軍の規範）を守り、市民道徳にも日本国民の精神にも徹底的に忠実であった。旧日本軍の兵士達は、軍紀・軍律を良く守り道徳観念がしっかりした規律ある軍人として有名であった。この二人は、直属の本隊と別れて（死別）から、食糧を見つけなければならず、米軍から盗《と》らなければならなかった。

軍紀の上から言うと自軍の食糧を盗むことは営倉《えいそう》（軍隊の監獄）入りだが、敵から盗ることは罪でもなんでもない。そんな市民感覚を持ち合わせていた。日記には盗んだことを悪びれずに書いている。

また、山蔭兵長と松戸上等水兵の人間関係を見るに、近代戦を戦う軍人としての関係を見事に現出している。兵長は一三歳年上の上等水兵を部下とし、本隊が玉砕した後の四年間を見事な日本軍人として上下の規範を崩さず生き延びた。これは特筆すべき軍人ではないか。

日本の軍隊では階級だけが差別であり、それ以外の身分の差は一切関係がない。アメリカならば軍隊に入った場合、国会議員であることは特権であり（何時でも除隊可能など）、ヨーロッパでは貴族が特権を有することもあった。日本では、西中佐に爵位があったかどうか、誰もそんなことを問題にはしなかった。差別もないが優遇もなかった。

二人が投降して後、最初に質問したことは「ちょっとお尋ねしますが、天皇陛下はどうされましたか?」という質問であった。米軍にいた中国人の通訳から「天皇陛下は、宮城に無事おられます」と聞いた時、二人共思わず涙した。まさに陛下に対する忠節を忘れないこと斯くの如し。これこそ真に日本軍であった。何故なら明治以来、日本では天皇陛下に忠義を尽くすことが理想であったが、それが広く一般に行き渡ったことが硫黄島戦において証明されたのだ。

二人とも英語はまったく解さなかったが、下級兵だったにもかかわらず、敵の階級については一瞥《いちべつ》で分かったという。ということは、日本の兵士は実によく訓練されていたことに他ならない。硫黄島の戦いこそ、明治以来のオリエンテーション（方向付け）の極限でもあり、また大東亜戦争の極限でもある。アメリカはペリー準提督が開国を迫って以来、日本にとっては最大の外国であった。また、大東亜戦争の主敵でもあった。そのアメリカとだけ戦った。

そして、アメリカにも日本とだけは二度と戦いたくない、と言うほどの大損害を与えたのだ。

明治以来、日本は近代的軍隊を作ろうと努力した。その極限は硫黄島戦に見る近代軍で、全てのメンバーが兵士としての役割だけを演ずる「完全な軍人」になり切っていた。この点、近代戦は中世以来の戦争とは違うのである。

財閥解体と地代の引き下げが生んだ日本統治

戦後の改革はマッカーサーにより行なわれたが、これは農地解放や地代の引き下げに止まり、官僚の解体はしなかった。硫黄島での激しい抵抗を受け、軍人もまた官僚であるためマッカーサーはそのようにせざるを得なかった。

財閥解体と地代の引き下げは、昭和初年の右翼を初めとする勢力の最も願ったことであった。右翼の切望は「昭和維新」の目標であったが、それはマッカーサーによって行なわれたのだ。

戦前の日本は階層社会であり、このことによって、民主主義と平等が占領軍によって公平に日本国民に与えられたという錯覚が生まれた。

しかしマッカーサーは、これを実現させるために官僚の力を借りたほうが得策なので、官僚制度には一指も触れなかった。

「マッカーサーは神様です」という感謝の手紙がGHQに山の様に寄せられた。ここに世界史に類をみない占領軍による抵抗なき完全な統治が行なわれたのである。

アッツ島と硫黄島の玉砕の違い

アッツ島の玉砕と硫黄島の玉砕の違いは、アッツ島（アメリカ領）は撤退しようとすればいつでも撤退ができたことだ。キスカ島（同じくアメリカ領）の例を取っても明らかである。撤退できなかったのは、日本海軍の重巡洋艦がアメリカ海軍の重巡洋艦と砲戦し、既に勝っているにもかかわらず、負けたと勘違いをしてアッツ島を見捨て遁走《とんそう》したからに他ならない。アメリカ海軍は戦艦を含む大艦隊に一個師団を護衛させアッツ島に上陸したので、一個連隊にすぎない山崎保代連隊が勝てるわけがない。止む無く玉砕せざるを得なかった。日本軍が玉砕と言われた嚆矢《こうし》である。アッツ島における玉砕を見て後、キスカ島からは簡単に撤退に成功したのは幸いであった。

氷に閉ざされた世界の地の果てのようなこのような島を何故に山本五十六は占領したのか。陽動作戦というが、ダッチハーバー（Dutch Hardor）攻撃が陽動作戦などになるわけがなかった。アメリカの航空母艦は悉《ことごと》くミッドウェーに集中していた。だから、ダッチハーバー攻撃に差し向けた「龍驤《りゅうじょう》」「隼鷹《じゅんよう》」は戦闘機母艦として、むしろミッドウェーに連れていくべきであった。そうすれば、「ヨークタウン」「エンタープライズ」の急降下爆撃機が殺到したとしても、全機撃墜も可能であったろう。

硫黄島はアッツ島やキスカ島の場合と違って撤退できない。何故なら、航続距離のない当時の米軍機の中継基地として如何なる手段を講じても手に入れる必要があったからだ。それに加え、Ｐ51護衛戦闘機の発着場所として、また、日本のレーダー基地を封ずるためにも、硫黄島はアメリカ軍にとって不可欠であった。だからこそ、日本にとっては絶対渡せない島であった。これがアッツ島と硫黄島の戦略的重要性の違いである。

東條英機が栗林中将に対し「アッツ島のようにやってくれ」と言ったが、戦争に関する認識不足も甚だしい。まともな参謀総長の台詞《せりふ》とはとても思えない。

サイパン島の玉砕の後で、東條参謀総長は辞職した。次いで梅津美次郎《うめづよしじろう》に代わった。梅津美次郎は、栗林中将の言に従い硫黄島の指揮は当人の采配に任せた。アメリカは日本の硫黄島における総指揮官が栗林中将とは知らなかった。このような場合、総指揮官は遁走することが多い。日本軍の猛攻撃にコレヒドールからオーストラリアに逃げたマッカーサー、南京陥落の時逃げた唐生智《とうせいち》大将、後に日本では福留繁《ふくどめしげる》中将の敵前逃亡もある。栗林中将の様に自ら進んで硫黄島の総指揮官として玉砕の地に着任することは滅多にないから、アメリカが知らないのも無理は無かった。

日本社会を動かす「共同体」

共同体（ゲマインデ。Gemeinde）とは、マックス・ウェーバーの術語（テクニカルターム。technical term）であるが、便利な概念なのでよく使われる。

第一の特徴は、内部と外部に別の規範が作用することである。冒頭にもユダヤ人の共同体における金銭の貸し借りの例をあげたが（内部の人からは利子を取ってはいけないが、共同体とは別の外部の人からは利子を取っても良い）、これは二重規範なのである。

また、これも既に述べたが、自らが所属する共同体において、別の共同体の人とは同じ事柄でも異なる言葉で表現をする。例えば、旧日本軍の陸海軍において、陸軍で将校の学校は「士官学校」であるが、海軍においては「兵学校」である。また、兵器では陸軍では「高射砲」と呼ぶ物が、海軍では「高角砲」と呼ぶ。それは陸軍と海軍が別の共同体だからである。

既にマリアナ海戦で日本航空（母艦）戦隊が全滅していた事を、硫黄島にいる栗林中将は知らなかった。この事も右に由来する。また、一国の首相たる最高責任者の東條英機は陸軍出身であり、海軍主導の真珠湾奇襲を事前に知らされる事はなかった。これも然り。

戦争とは、総力戦で日本の国の命運とそこに住む国民の命運を賭けることなのだが、一丸となって臨むはずの戦争が、実は一部の組織の縄張り関係の中で処理されていたのだ。

この様なことは、納税者として戦費の調達を担っている国民の誰一人として知る由もない事であった。

これが日本社会を動かしている共同体の実体なのである。

硫黄島戦——人物伝

若き読者の皆さんへ
日本人の先達が
どの様に苦労し
どの様に
立派に生きたかを知り
学んでほしいと思います。

小室直樹

聞き書き　恩藏　茂

硫黄島の栗林忠道中将（昭和19年11月）

栗林忠道《くりばやしただみち》 陸軍中将

明治二十四年【一八九一年】生まれ
硫黄島にて戦死　享年五五

　フィリピン決戦を前にマニラを去り、赤坂の芸妓を呼び寄せて遊んでいた南方軍総司令官・寺内寿一《てらうちひさいち》元帥や、レイテ戦末期に特攻を訓示しながら台湾に敵前逃亡した第四航空軍司令官・富永恭次《とみながきょうじ》中将、捕虜となって機密文書を奪われながら不問に付されたばかりか第二航空隊司令長官に栄転した連合艦隊参謀長・福留繁《ふくどめしげる》中将等々、日本陸海軍には無責任な司令官が大勢いた。マッカーサー将軍も、日本軍の猛攻撃に、兵を残してフィリピン・コレヒドール島からオーストラリアに逃げた。

　その中にあって、「予は常に諸子の先頭に在り」と宣言し、かつ最後までその言葉通りに戦った勇将は、硫黄島の栗林忠道中将をおいて他にない。軍司令部は最前線より後方に設けられるのが通例で、大本営も硫黄島司令部を父島に置くよう勧めたにもかかわらず、栗林中将は自ら進んで硫黄島で指揮を執り、兵士と苦しみを分かち合った。だからこそ、硫黄島兵士は最後の一兵まで栗林中将の命令通り戦った。

　しかも、最も保守的な組織である軍隊にあって合理精神を旨とし、従来の戦い方を一変させ、地下壕作戦を完遂した点も高く評価されねばならない。

　栗林中将は長野県松代町に生まれ、一歳のとき近くに住む倉田七左ヱ門の養子となって倉田姓を名乗った。長野中学校までのノート類にはすべて「倉田忠道」と書かれている。一八歳で

陸軍騎兵大尉時代。当時36歳

栗林家に戻り、陸軍士官学校と東亜同文書院を受験してともに合格。東亜同文書院は外交官やジャーナリストを輩出した学校で、こちらに入学していればジャーナリストの道を歩んだかもしれないが、中学の教頭の勧めもあって陸士に入学した。

　卒業後、任騎兵として勤務しながら、陸軍騎兵学校、陸軍大学校へと進む。任騎兵中尉時代に陸軍機関誌『偕行社記事』に寄せた論文では、将校が「軍事以外の知識の著しく低級」であることを問題とし、下士官以下に対しても礼儀を失わず、身分人格を尊重して敬意を払うことを提言している。生き残った硫黄島の兵士たちは、中将が、驚くほど対等に接してくれたと口をそろえて語っている。それも決して作戦遂行のための方便だったわけではないことがわかる。

　陸大を二番の成績で卒業し、恩賜の軍刀を受け、以後およそ五年間にわたってアメリカ留学、ヨーロッパ視察、カナダ公使館勤務などの海外生活を送った。六〇〇円という当時としては破格の月収を、パーティーなどに費やす将校が多い中で、新車を購入し、ドライブしながらアメリカ中を見て回るなど有効に使い、その工業力と豊かさを実感し、アメリカ人気質まで知り尽くして帰国している。

昭和18年、広東の南支派遣軍駐屯地において。中央の椅子に座っているのが栗林中将

馬上の栗林中将

硫黄島において地下壕による複郭陣地作戦という前例のない戦いを行なった想像力と実行力は、栗林中将が「軍事以外の知識の著しく低級」な軍人とは一線を画していたことを物語る。アメリカを熟知していたことも硫黄島決戦に生かされた。その広い見識と合理精神は、栗林中将が敬愛してやまなかった永田鉄山中将に共通するものであった。

硫黄島における戦死直前の三月十七日、陸軍大将に昇進している。

永田鉄山《ながたてつざん》　陸軍少将

明治十七年【一八八四年】生まれ
昭和十年【一九三五年】没　享年五二

栗林忠道騎兵中佐がカナダ駐在を終えて帰国し、陸軍省軍務局馬政課課員の任にあったときに軍務局長に就任したのが永田鉄山少将だった。スイス駐在武官を務めた他、広くヨーロッパ諸国の実情を視察し、日本の軍備体制の遅れを痛感していた永田は、政治・経済体制を含めた国を挙げての総力戦（国家総動員）体制を築こうとした。そのため、天皇親政による軍中心の国家改造を目指す皇道派から、敵対的統制派の中心人物と見なされ、昭和十年（一九三五年）、皇道派の相沢三郎陸軍中佐に軍務局長室で斬殺された。死後、中将に昇進する。栗林中将は永田暗殺に怒りを隠さず、その死を最後まで惜しんでいた。

明治十七年（一八八四年）、長野県上諏訪に生まれ、陸軍士官学校と陸軍大学を首席で卒業。合理的・現実的な知性派として知られ、関東軍の満洲国への内面指導は内政干渉であると語り、朝鮮についても「将来的に独立を認めるべし」という見解を持っていた。これは当時の軍人としては画期的な、政治家も語り得ない識見だった。

皇道派の領袖《りょうしゅう》、真崎甚三郎大将の教育総監更迭の首謀者と見られたのが相沢事件の引き金となったが、人事は陸軍省人事局長・今井清中将の管轄であり、永田はこの件に関知していないと言われる。

市丸利之助《いちまるりのすけ》
海軍少将

昭和二十四年【一八九一年】生まれ
硫黄島にて戦死　享年五五

硫黄島における海軍の最高指揮官（第二七航空戦隊司令官）として昭和十九年（一九四四年）十月十五日に着任。この時すでに海軍航空戦力はほぼ壊滅状態にあり、第二七航空戦隊は地上部隊として再編成せざるを得なかった。

栗林忠道中将に対し、戦局挽回の海軍力が壊滅したことを潔く詫び、海軍部隊を分散して陸軍の指揮下に入れることだけは「海軍全員で戦い、死なばもろとも」であるとして拒否したものの、中将の方針を大筋で受け入れ、陸上戦闘に備え陸軍各地区隊と連携して訓練と陣地構築を行なった。海軍少将でありながらよく栗林中将の指揮に従い、最後までともに戦い続けた。

佐賀県久里村柏崎に生まれ、旧制唐津中学卒

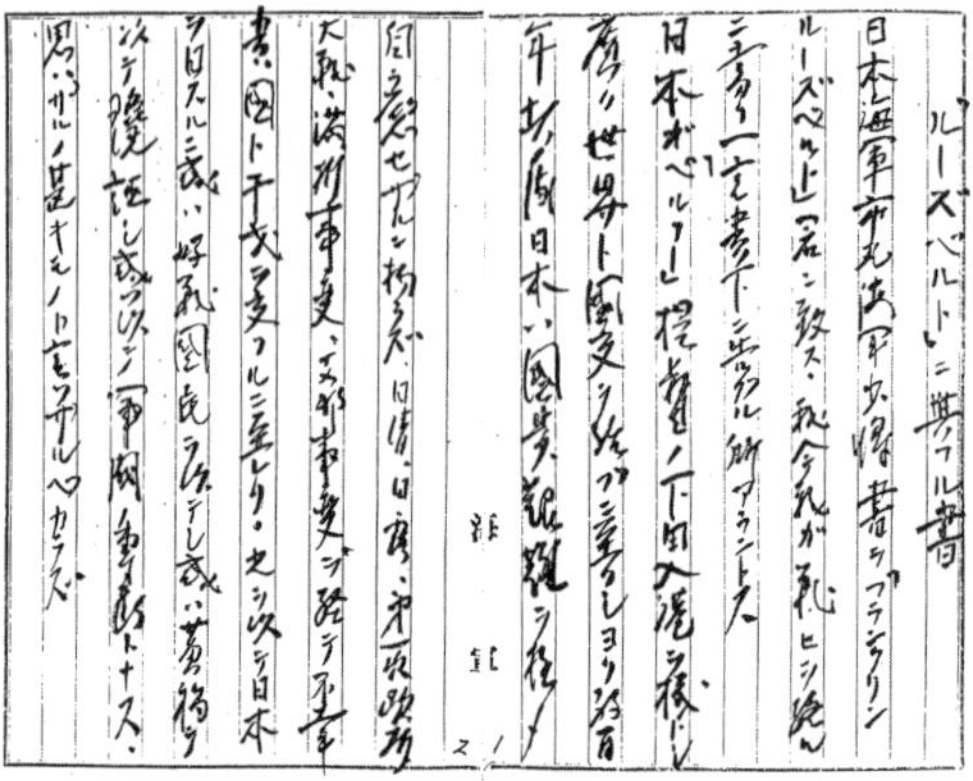
「ルーズベルト」ニ与フル書
日本海軍市丸海軍少将書ヲ「フランクリン
ルーズベルト」君ニ致ス。我今我ガ戦ヒヲ終ルニ当リ
一言貴下ニ告グル所アラントス
日本ガ「ペルリー」提督ノ下田入港ヲ機トシ
広ク世界ト国交ヲ結ブニ至リシヨリ約百
年此ノ間日本ハ国歩艱難ヲ極メ
自ラ欲セザルニ拘ラズ日清、日露、第一次欧州
大戦、満州事変、支那事変ヲ経テ不幸
貴国ト干戈ヲ交フルニ至レリ。之ヲ以テ日本
ヲ目スルニ或ハ好戦国民ヲ以テシ或ハ黄禍ヲ
以テ讒誣シ或ハ以テ軍閥ノ専断トナス。
思ハザルノ甚キモノト言ハザルベカラズ

死に臨み、市丸少将が８枚の海軍用箋に筆でしたためた「日本海軍市丸海軍少将書ヲ『フランクリンルーズベルト』君ニ致ス」で始まる遺書。最後の総攻撃の後、村上大尉の遺体から日英両文で書かれた同書が、腹に巻かれた状態で発見。英訳はハワイ育ちの三上弘文兵曹が行なった

大佐時代の市丸、当時50歳

業後、海軍兵学校に進み、海軍パイロットの草分けとなった。大正十五年の霞ヶ浦海軍航空隊教官時代、訓練中に墜落事故のため瀕死の重傷を負い、四年間にわたる闘病生活を余儀なくされる。この間に漢詩、和歌、書を学び、歌人として「柏邨《はくそん》」と号した。

平成九年、唐津市柏崎に建立された碑には、「夢遠し　身は故郷の村人に酒勧められ囲まれてあり」の歌が刻まれている。

病が癒えて軍に復帰するとともに海軍予科練習生制度設立委員長の辞令を受け、設立後は教育部長に就任。予科練の生みの親でもあり、育ての親でもあった。その教育方針は「航空兵ヲシテ克《ヨ》ク是等ノ性格ヲ涵養《カンヨウ》セシムルタメニハ常ニ其ノ人格ヲ認メテ責任ヲ負ハシムルニ在リ」という人格尊重主義だった。硫黄島を取り囲むアメリカ艦隊に突入する予科練出身者による特攻機の無電を、市丸少将はじっと聞いていたという。

最後の総攻撃の時には栗林中将とともに白襷をかけて出陣。中将が倒れたあとも海軍部隊を率いて東海岸まで進み、敵にさらなる被害を与えるが、機関銃の掃射を浴びて全員玉砕したと伝えられる。

　遺書のかわりとして市丸はルーズベルト米大統領あてに「ルーズベルトニ与フル書」をしたため、日系二世の三上弘文兵曹の英訳とともに村上治重大尉に託した。これは白人至上主義による東洋の蹂躙《じゅうりん》を批判し、大東亜共栄圏を主張するとともに、世界平和への道を説いた、実に広い視野に立ったものだった。曰く「卿等《ケイラ》ノ善戦ニヨリ克《ヨ》ク『ヒットラー』総統ヲ仆《タオ》スヲ得ルトスルモ如何ニシテ『スターリン』ヲ首領トスル『ソビエットロシヤ』ト協調セントスルヤ。凡《オヨ》ソ世界ヲ以《モッ》テ強者ノ独専トナサントセバ永久ニ闘争ヲ繰リ返シ遂ニ世界人類ニ安寧《アンネイ》幸福ノ日ナカラン」。

　村上大尉の遺体から発見された二通の手紙は米軍が発見し、七月にアメリカの新聞に掲載されておおやけにされた。現在、この日本語と英語の二通の手紙は、アナポリスのアメリカ海軍兵学校記念館に展示されている。

　戦死後、海軍中将に昇進。

昭和16年、鈴鹿航空隊司令時代の市丸。夏休みを利用し遊びに来ていた家族と共に。市丸は好んでよく家族写真を撮ったという（左から次女俊子、市丸、長男鳳一郎、三女美恵子、すゑ子夫人、長女晴子）

山口多聞《やまぐちたもん》 海軍少将

明治二十五年【一八九二年】生まれ
昭和十七年【一九四二年】戦死　享年五一

ひらめきと洞察力に富み、勇猛かつ沈着と評される海軍少将。明治二十五年（一八九二年）、東京生まれ。海軍兵学校四〇期卒。大尉時代に米プリンストン大学に留学後、海軍大学を優秀な成績で卒業。第一潜水艦隊参謀、海大・陸大の教官、アメリカ駐在武官などをへて、軽巡洋艦「五十鈴」、戦艦「伊勢」の艦長を歴任する。「生まれながらの大提督」「連合艦隊司令長官に最もふさわしい人物」と内外から高く評価されながら、年功序列の壁に阻《はば》まれて機動部隊司令長官に就くこともなく、昭和十七年（一九四二年）のミッドウェー海戦において戦死。死後、中将に昇進。

第二航空戦隊司令長官として真珠湾攻撃、ミッドウェー海戦に参加。真珠湾では戦果を徹底すべく第二次攻撃を主張するが、南雲忠一司令長官に却下される。ミッドウェーでは米機動部隊に先に発見され、陸上攻撃用の爆装から艦隊攻撃用の雷装に変更命令が下るが、そのまま攻撃隊を発進させるよう具申《ぐしん》する。しかし、これも南雲司令長官に一蹴されてしまう。唯一、米軍の奇襲をまぬがれた「飛龍」で反撃し、米空母「ヨークタウン」を撃破するが、飛龍も被弾。総員退艦を命じ、自らは賀来止男艦長とともに艦と運命を共にした。

西《にし》 竹一《たけいち》 陸軍中佐

明治三十五年【一九〇二年】生まれ
硫黄島にて戦死　享年四四

硫黄島戦士のなかで、国内でも海外でも非常に有名な存在だったのが、戦車第二六連隊を率いた〝バロン西〟こと西竹一中佐だった。裕福な男爵の家に生まれ、一〇歳のときに家督を相続。生まれながらのエリートである名家の嫡男としては珍しく軍人の道に進んだ。高価な外車やモーターボートを乗り回す異色の軍人だった。

イタリア人から買い求めた荒馬ウラヌスを乗りこなし、一九三二年（昭和七年）のロサンゼルス・オリンピックにおいてウラヌスを駆って個人障害で金メダルを獲得。アメリカでも一躍ヒーローとなり、社交界でもてはやされた。スペンサー・トレーシー、ダグラス・フェアバンクス、メアリー・ピックフォードらハリウッドの一流スターと交流し、ヨーロッパでも数々のロマンスで浮き名を流した。

一方、私生活においては、相手が伍長であろうと息子の教師に対しては頭を下げ、釣りで世話になっている船頭に対して使用人が無礼な口を聞くと叱りつけた。真のエリートとはそういうものだろう。

硫黄島における戦車第二六連隊

硫黄島行きを命じられると、ウラヌスに別れを告げ、鬣《たてがみ》を切り取ってポケットに入れ、それから戦車二八両を含む連隊主力とともに日秀丸と利根川丸で硫黄島に向かった。だが、米潜水艦の攻撃を受けて日秀丸が沈没し、部下二名とすべての戦車を失った。それでも西は、いったん硫黄島に向かい、栗林中将の指示を仰いでから内地へ引き返し、代わりの戦車とともに再び硫黄島に着任している。

　日本軍の非力な九七式戦車とは性能に大きな開きがあるM４シャーマン米戦車を迎撃するため、西戦車隊も地下に潜った。各所に掩体壕を掘って潜み、不意をついて砲撃し、逆襲されぬうちに次の壕に移動し、大きな戦果を挙げた。これは栗林中将の作戦でもあったが、戦車そのものを土中に埋め、トーチカとして使用したのは西連隊長のアイディアだったとも言われる。華やかな面だけが喧伝《けんでん》されるが、戦略家としても一流の軍人だったのだろう。

　最後には戦車をすべて失い、西自身も火炎放射器で顔を焼かれ、およそ一〇〇〇名の連隊が

ロサンゼルス・オリンピック優勝記念写真。西とウラヌス

麻布笄町の自宅玄関前にて。オリンピック優勝を町内有志600名が提灯行列で祝福した

残存兵わずか六〇名までになると、連隊壕を出て白兵戦を展開しつつ、栗林中将のいる師団本部に向かったが果たせず、海岸近くで戦死。敵弾に倒れたとも、皇居の方角に体を向けて自決したとも言われる。

この輝かしい経歴を持った華麗なる将校が、生きて帰れぬ硫黄島になぜ勇んで赴任したのか。『硫黄島（IWO JIMA Legacy of Valor）』の著者ビル・D・ロスは「私たちから見ると矛盾に満ちた日本人の将校あるいは貴族であった」と記しているが、現代に生きる我々も同じ思いがする。

彼もまたサムライであった、と言ってしまうと、まるで外国人のような言い方になるが、現代の我々が失った日本人としての血が、バロン西の体に流れていたことは確かだろう。

戦死後、陸軍大佐に昇進。

南雲忠一《なぐもちゅういち》　海軍中将

明治二十年【一八八七年】生まれ
昭和十九年【一九四四年】戦死　享年五八

水雷戦術の第一人者として知られるが、その徹底した艦隊保全主義に対しては評価が分かれる。明治二十年（一八八七年）、山形県米沢の出身。

第一航空艦隊司令長官として真珠湾攻撃を指揮し大きな戦果をあげるが、ミッドウェー海戦では主力空母四隻を失う大敗を喫する。その後、名誉挽回の機会を与えられる形で、第三艦隊司令長官として第二次ソロモン海戦、南太平洋海戦に参加した。南太平洋海戦は日本軍の勝利に終わるものの、敵の索敵機に発見されるたびに反転するなど南雲の消極的な姿勢が目立ち、空母「翔鶴」「瑞鳳」が損傷すると翔鶴艦長・有馬正文の進言を斥《しりぞ》け、あとを第二航空戦隊・角田覚治司令に指揮をゆだねて戦線離脱。角田中将は果敢な攻撃を続け、敵空母「エンタープライズ」を撃破し、「ホーネット」にとどめを刺した。これも南雲の慎重すぎる艦隊保全主義の姿勢の表れとされる。昭和十九年三月、中部太平洋方面艦隊司令長官としてサイパン島に着任。米上陸作戦迎撃の指揮にあたったが、サイパン守備隊は玉砕。南雲も戦死した。

水雷戦の専門家でありながら、サイパンでは陸戦の指揮を任されるなど、南雲の適性は最後まで活かされることがなかったといえる。死後、大将に昇進。

坂井《さかい》三郎《さぶろう》 海軍中尉

大正五年【一九一六年】生まれ
平成十二年【二〇〇〇年】没　享年八五

佐賀に生まれ、海軍少年飛行兵受験に二度失敗した後、一般海軍志願兵に合格して戦艦霧島、榛名《はるな》の砲手となるが、その後、霞ヶ浦海軍航空隊に志願してあこがれの戦闘機乗りとなった。

昭和十三年（一九三八年）、九六式艦上戦闘機での初陣以来、敵機六四機を撃墜。「零戦の撃墜王」として名をはせた。ともに出撃した直接の部下、および隊長を一人も戦死させなかったことでも世界的に評価され、『航空200年史』において、NASAの宇宙飛行士まで含めた「空の英雄二十傑」の一人に選ばれている。

日米開戦後、所属する台南航空隊はニューギニアのラバウルへ進出。坂井一飛曹をはじめ、笹井醇一中尉、西沢広義一飛曹、太田敏夫二飛曹ら、日本の誇る零戦のエースたちはラバウルとラエを拠点にポートモレスビー方面を連日攻撃し、連合軍機を壊滅状態に追い込んだ。

昭和十七年、米軍のガダルカナル奪還にともない、同島へ初出撃。敵機八機を発見した坂井一飛曹は単独で全機撃墜を試みるが、敵機は後部旋回銃を持つドーントレス急降下爆撃機だったため、機銃攻撃を浴び、一二・七ミリ弾の破片を頭部に受けた。

左半身不随の重傷を負い、視界ゼロ、燃料もゼロに近くなるなかで、一〇四〇キロ離れたラバウル基地にぶじ着陸するという奇蹟の生還を成し遂げた。治療のため内地へ送還され、その間に笹井中尉が未帰還となった。

1939年、中国大陸の漢口基地にて

戦局悪化にともない、昭和十九年六月、負傷のため自慢の視力が衰えていた坂井も横須賀航空隊の一員として硫黄島へ進出。味方機と間違えて接近した一五機のグラマン・ヘルキャットに襲われるが、神業でこれを逃れ、九死に一生を得た。いよいよ追い詰められた航空隊はメンツをかけて特攻部隊を組織し、坂井もこれに加わった。特攻第一号である。だが、途中でグラマン戦闘機に大半の航空機が撃墜され、機動部隊発見困難と見て引き返し、列機二機とともに穴だらけの硫黄島滑走路にぶじ着陸。三たび奇蹟の生還を果たした。

　やがて内地への帰還命令が下って硫黄島をあとにしたが、いよいよ視力が低下したため、以後、空戦に参加することはなかった。終戦時の階級は中尉だった。

　戦後、著書『大空のサムライ』が世界的なベストセラーとなり、著述・講演活動を行なう一方、自宅客間に設けた靖國神社方式の神棚に戦友だけでなく敵の勇士の霊を祀《まつ》っていた坂井は、日本の戦後教育を憂い、その復興のために戦死者の名誉回復をまずはめざしていたが、平成十二年（二〇〇〇年）に急死。その死を悼《いた》んだのは日本人よりもむしろ米軍関係者だった。

千田貞季《せんださだすえ》 陸軍少将

明治二十五年【一八九二年】生まれ
硫黄島にて戦死　享年五四

栗林忠道中将率いる第一〇九師団は、現役を終えた後に再召集された予備役の老将校や、それまで兵役を免除されていた補充兵が殆《ほとん》どで、実戦経験を持つ将兵が少なく、しかも四〇代五〇代の中高年が主になっていた。米兵を島に上陸させ、地下からこれを迎え撃つという未曾有《みぞう》の作戦をたてた栗林中将は、この作戦を理解し、兵を訓練しながら戦える指揮官を陸軍中央司令部に求めた。兵団首脳部の人事が刷新され、兵団の主力である混成第二旅団長として選ばれたのが「歩兵戦の神様」と呼ばれた千田貞季少将だった。

同時に、第一〇九師団参謀長として高石正大佐、同参謀として中根兼次中佐を新たに呼び寄せ、千田少将とあわせて歩兵戦の権威三名が硫黄島に揃ったことになる。

千田少将は鹿児島県に生まれ、東京府立一中をへて陸軍士官学校を卒業。満洲で張湖峰《ちょうこほう》事件に従軍して武功をたて、陸軍歩兵学校教官になる。昭和十八年（一九四三年）には仙台陸軍幼年学校長となった。そして翌十九年十一月二十七日、第一〇九師団司令部付として硫黄島に転任する。同十二月、砲兵出身で歩兵戦の経験のない大須賀応少将に代わり、混成第二旅団長に補《ほ》せられた。

「団結の強化、明るく元気、牛刀主義、創意工夫」を標語に掲げて兵の訓練に力を注いだ千田少将の下で、混成第二旅団は短期間に精強な軍

隊に変貌した。硫黄島における千田旅団の活躍はめざましいものがあった。

玉名山に陣取った千田旅団長は、南地区隊主力の玉砕後も元山飛行場を固守し、南地区主陣地の第二線陣地付近に攻め込んできた米軍を、地形と対戦車障害を利用して撃退。さらに兵団主力から孤立したのちも、玉名山正面の戦闘では、井上左馬二大佐率いる海軍部隊とともに、米兵から「ミート・グラインダー（挽き肉器）」と恐れられるほど甚大な損害を与えた。

三月七日、地下壕にガソリンや煙幕を投入する米軍の攻撃に力尽きた千田旅団長は、兵団司令部に玉砕攻撃の許可を求めるが許されず、井上大佐らとともに残存部隊およそ四〇〇名を率いて兵団司令部に合流すべく北進する。

だが、司令部に到着寸前、米兵の猛攻を受けて旅団は全滅。千田旅団長は洞穴で自決した。兵団司令部にたどりついたのはわずか二名。

信頼する千田旅団長の訃報を聞き、栗林中将は兵団の総攻撃を決意したという。

チェスター・ニミッツ　米海軍元帥

一八八五年生まれ
一九六六年死去　享年八二

真珠湾攻撃の責任を問われて更迭されたハズバンド・キンメル大将の後任として、少将から二階級特進、先輩二八人を飛び越して太平洋艦隊司令長官に抜擢《ばってき》された。航海局長という事務職からの昇進は、日本軍の硬直化した人事と比べてもまったく異例だった。

ニミッツは司令本部を真珠湾のマカラパ山に置いた。それまで司令長官は艦隊旗艦にいて海上から指揮をとるのが普通だった。だが、多数の艦船が広い太平洋に散らばる近代戦では、どうしても無線連絡にたよらざるを得ない。海上から電波を発信すれば、たちまち居場所も作戦も探知される。真珠湾の損害で米海軍はすっかり弱体化したが、ニミッツが司令部を陸上に置いたことによって、情報戦という点では日本軍を一歩リードすることになった。

テキサス生まれのドイツ系アメリカ人であるニミッツは、アナポリス海軍兵学校を卒業した。その卒業年に少尉候補生として練習航海で横須賀に寄航。折しも開催されていた日露戦争戦勝記念園遊会で敬愛する東郷平八郎元帥に会い、請うて歓談することができた。海軍では潜水艦乗員としてキャリアを重ね、戦艦「オーガスタ」艦長時代には、東郷元帥の国葬に参列している。

陸軍のマッカーサー元帥とは対日戦略をめぐって緊張関係が続いたが、台湾・中国ルートでの日本侵攻を主張していたマッカーサーが断固反対する硫黄島上陸作戦を、統合参謀本部に

認めさせることに成功。ニミッツは、この作戦を「東京エクスプレス」(東京空襲までの急行便)と名づけた。

日本降伏文書調印式はニミッツの旗艦「ミズーリ」艦上で行なわれ、合衆国代表としてニミッツが署名をしている。その前日、横須賀記念基地に保存されている東郷元帥の旗艦「三笠」の荒廃ぶりに胸を痛め、昭和三十三年、日本の知人からの申し出を受けて三笠復元を『文藝春秋』の二月号誌上で訴え、その原稿料も寄付金にあてている。また、自著『太平洋海戦史』の日本語版の謝礼金も、東郷神社再建奉賛会に米海軍の名で寄贈している。

硫黄島決戦直前に日本軍がやはり地下壕を構築して戦い、玉砕したペリリュー島には、ニミッツの献辞を刻んだ碑が建てられている。

「諸国から訪れる旅人たちよ/この島を守るために日本軍人が/いかに勇敢な愛国心をもって戦い/そして玉砕したかを伝えられよ」

この碑文は硫黄島守備隊にもそっくりそのままあてはまる。

レイモンド・スプルーアンス　米海軍大将

一八八六年生まれ
一九六九年死去　享年八四

冷静・沈着、合理的かつ客観的な判断で知られ、また、なまけ者とも言われた「静かなる提督」は、日本軍の真珠湾攻撃の際、第五巡洋艦戦隊司令官としてハワイに赴任していた。艦隊とともにホノルルから二〇〇マイル離れた洋上にいたため攻撃をまぬがれたが、帰港して「日本軍がすぐにも上陸してくるのではないか」と周囲が大恐慌をきたしているなかで「日本艦隊はもう引き上げた。さもなければ、我々はいま攻撃されているはずだ」と冷静に語ったという。太平洋艦隊司令長官ニミッツの信頼も厚かった。

ボルチモア生まれのインディアナポリス育ち。学費がいらないからという理由でアナポリス海軍士官学校に入学した。誰よりも早く帰宅する司令官で、午後八時には就寝してしまうため、夜になると部下がサインをもらうことができなかったという。スプルーアンス自身、妻への手紙に「私のスタッフは毎晩遅くまで仕事をしている。昼間は私も仕事をするが、夜までつき合うようなことはしない」と記し、部下には「司令官はつねに最善の判断を下さねばならず、疲労や睡眠不足で大局を見誤ることは絶対に避けねばならないのだ」と語っている。第五巡洋艦戦隊司令官に任命されたのは、スプルーアンスが提出する作戦計画書は非常にわかりやすく的確であるとの評価が高かったからだが、実はデスクワークが嫌いで、とくに書類作成を大の苦手としていた。作戦計画書はすべて彼が絶大な

信頼を寄せるカール・ムーア参謀が作成したものだった。「苦手な仕事は、それが得意な人間にやらせればいい」からだ。「なまけ者」と言われる所以《ゆえん》だが、それも徹底した合理主義の表れだった。

　ミッドウェー海戦では、病のハルゼー提督に代わって空母二隻を主力とする第一六任務部隊司令官に抜擢《ばってき》された。日本の機動部隊を発見するや、すぐさま全機発進命令を下してこれを壊滅させた。一方、マリアナ沖海戦においては小沢治三郎提督のアウトレンジ（敵の航続距離外から攻撃をしかける）戦法に対し、輪形陣の完全防御態勢をとって迎撃し、のちに「マリアナの七面鳥撃ち」と呼ばれたほど、次々に日本の攻撃機を撃墜。各局面に応じた臨機応変な戦法で米軍に勝利をもたらした。

　硫黄島決戦では陸海軍・海兵隊すべての指揮権を握る重責を担い、戦後はニミッツの後任として太平洋艦隊司令長官に就任した。海軍大学校の校長を務めたのち退官。サンフランシスコの海軍墓地にニミッツと並んで埋葬されている。

ホーランド・M・スミス

米海兵隊中将

一八八二年生まれ
一九六七年死去　享年八六

〝ハウリング・マッド・スミス（吠え狂うスミス）〟と仇名された海兵隊の猛将。本人はホーランド・マクタイアという名前をもじっただけのニックネームだと主張していた。硫黄島決戦に参加したときは日米指揮官の中で最高齢の六三歳。部下たちのことをいつも「マイ・マリーンズ（私の海兵隊員たち）」と呼んでいた。マリーンズにとっては、頑固だが愛すべきカミナリ親父だった。

アラバマに生まれ、アラバマ大学法学部を卒業後、一年間、法律関係の仕事をしたあとに海兵隊に入隊。日米戦争が始まると少将に昇格し、太平洋における上陸作戦の責任者となった。スミスなら海軍と衝突したときにも猛然と闘い、海兵隊の立場を貫き通すだろうと、海兵隊司令官トーマス・マルコムが判断したからだった。

たしかに、ニミッツも、スプルーアンスも、スミスには手をやいた。とくに、リッチモンド・K・ターナー海軍中将、別名テリブル（恐るべき）・ターナーとマッド・スミスとは何かにつけて対立した。サイパン島では日本軍に対する攻撃精神がたりないという理由により、独断でラルフ・スミス陸軍師団長を更迭。陸軍のマッカーサー将軍を激怒させた。

マスコミもスミスを「虐殺者、人命の無差別浪費者」と呼んで批判し、解任を要求した。だが、スミスによれば戦争自体が無慈悲な殺人者だった。過酷な環境に耐え、最前線で死闘を繰

り返すことこそが海兵隊の仕事であり、「居心地のいい本国にいて非難するだけの連中には非難させておけばいい」とスミスは考えていた。

　彼こそ戦士であると信じていたルーズベルト大統領は、各方面からのスミス解任要求にも断固として応じなかった。ジェームズ・V・フォレスタル海軍長官も彼の理解者だった。硫黄島上陸三日前に旗艦エルドラド内で行なわれた記者会見でフォレスタルは「アメリカの自由を守るため犠牲を払っているのは、ライフルや機関銃を手に戦っている男たちだ。私は海兵隊員たちに脱帽する」と語り、摺鉢《すりばち》山に星条旗が揚がったときには、「これであと五〇〇年、海兵隊は安泰だ」とスミスをねぎらった。

　スミスにとって、硫黄島は日本軍との長い戦いの果てにたどり着いた戦場だった。だが、硫黄島作戦終了後、スミスはニミッツから現場指揮官を外されるであろうことを既に悟っていた。念願だった沖縄上陸作戦に参加できず、日本の降伏文書調印式にも招かれぬまま、終戦後の一九四六年五月に退役。海兵隊大将に名誉昇進した。

硫黄島百科

硫黄島基地隊（談）

戦前の硫黄島の生活

　戦前の硫黄島はどのようなものだったのか。

　昭和十八年四月に父島駐在の憲兵分隊が書き記した『小笠原島事情』によると当時の島民は一〇一八人（男五三三人、女四八五人）。産業別就業状況は、農業が四八四人、漁業が六一人、商業が三九人、その他が四三四人である。島の主要産業は砂糖きび栽培、コカ栽培であり、移出金額の上位を見ても、砂糖とコカが一位二位を占め、その後に硫黄、レモン油と続く。硫黄島の暮らしは特別豊かではないが、苦労もないのんびりとしたものだったという。

　硫黄島には牛や豚、鶏や山羊も家畜として飼われていた。牛は運搬用だったが豚は食用であり、タコの実を餌《えさ》として育てられた硫黄島の豚はとても美味しかった。当時、島で大正小学校の教諭を務めていた中村栄寿氏が、『戦前の硫黄島　現在の硫黄島』の中でそう述懐している。島には『島内新聞』と呼ばれる新聞もあった。中村氏ら先生達が、夜九時三〇分のラジオニュースをガリ版へ印刷したものだ。日中の学校での仕事の後、ラジオに向かった先生方の苦労が偲《しの》ばれる。

　また、島では年に一度、鎮守様の森（硫黄島

島の子供とパパイヤの木

神社。島民の社交場だった）で盛大な相撲大会が催された。島の若者が参加するのだが、島中の人が各々ご馳走を持ち寄り、飲んだり食べたりで大変な賑わいだったという。

〝地熱が原〟の南、かつて千鳥飛行場のあった所に船見台と呼ばれる高台がある。ここには半鐘が吊るされ、近づく定期船を最初に発見した人がそれを打ち鳴らして全島民に知らせたという。まさに〝船を見つける台〟であった。鐘を聞いた島民はそれぞれの仕事を中断し、全員総出で荷揚げを行なった。

揃い踏み風景。化粧廻しを着けるのが、島の若者の誇りだった

定期船の存在は、島に住む人びとにとって重要なライフラインであり、また外界との窓口でもあった。

硫黄島に戦火が迫ってきた昭和十九年七月、島民に強制疎開の命令が下る。扶養者のいない男子で高等科卒業以上四十歳以下の一二五名が軍属として徴用された。うち八一名が戦闘で亡くなっている。

戦後から二三年目の昭和四十三年に硫黄島が返還された後も、現在に至るまで島民の帰還は許されずにいる。島に帰りたいと願いながらも高齢のため果たせずに亡くなっていく人も多い。

日米両兵士にとっては「地獄の島」であった硫黄島も、旧島民にとっては「望郷の島」なのである。

硫黄島の自然

　島はかつての米軍の爆撃や砲艦射撃、苛烈な火炎放射攻撃などにより、一時はまったくの不毛の地となったが、現在では、戦死者の死臭を消すために米軍が種を撒いたというネムノキ（銀ネム）が島の全域を覆っている。

タコの木の実

　戦争での消失を免れたタコの木、ガジュマル、サイザル、虎の尾、クサトベラなどは随所に見られ、慰霊のために植樹された蜜柑《みかん》の木などもある。

ガジュマルの木。戦後50年を経過してジャングルを形成

　また、旧島民が産業として栽培していたサトウキビやコカ、レモン草（香料を採取）、デリスのほか、かつては家々の菜園を飾ったパパイヤやマンゴー、バナナ、パイナップル、ハイビスカスなどが見られる。

月夜の夜、たった数時間のみ開花する月下美人

ジャングルの中に自生する硫黄島トウガラシ。小粒であるが強烈な刺激をもつ

　硫黄島の特徴的な植物として、月夜に一夜だけ開花し数時間で萎《しぼ》んでしまう月下美人、入島儀式の際に使われるという強烈な刺激を持つ硫黄島トウガラシがあげられる。

　砂浜にはヤシガニ、オオヤドカリなどが生息。近海では、紋付鯵、平鯵、笛吹鯛、エイ、ウツボ、硫黄島イワシ、ハブ貝、サザエなどの魚介類が捕れる。周囲はサメが出るために遊泳禁止。

動物類は鳥類（磯ひよどり、目白、山鳩、ツバメなど）と鼠、コウモリが見られ、壕や腐敗した木の中には硫黄島守備隊兵士を悩ませた毒を持つサソリもいる。地熱が高いため蛇は生息していない。

ヤシガニ。砂浜の樹木に生息

火山活動の影響により、島は今でも地形が変わっている。

開戦当時、西海岸沖一キロ余りにあった釜岩は地殻変動のため現在は地続きとなった。米軍が上陸した海岸のなかにも、今は高さ一五メートルの崖となった場所がある。

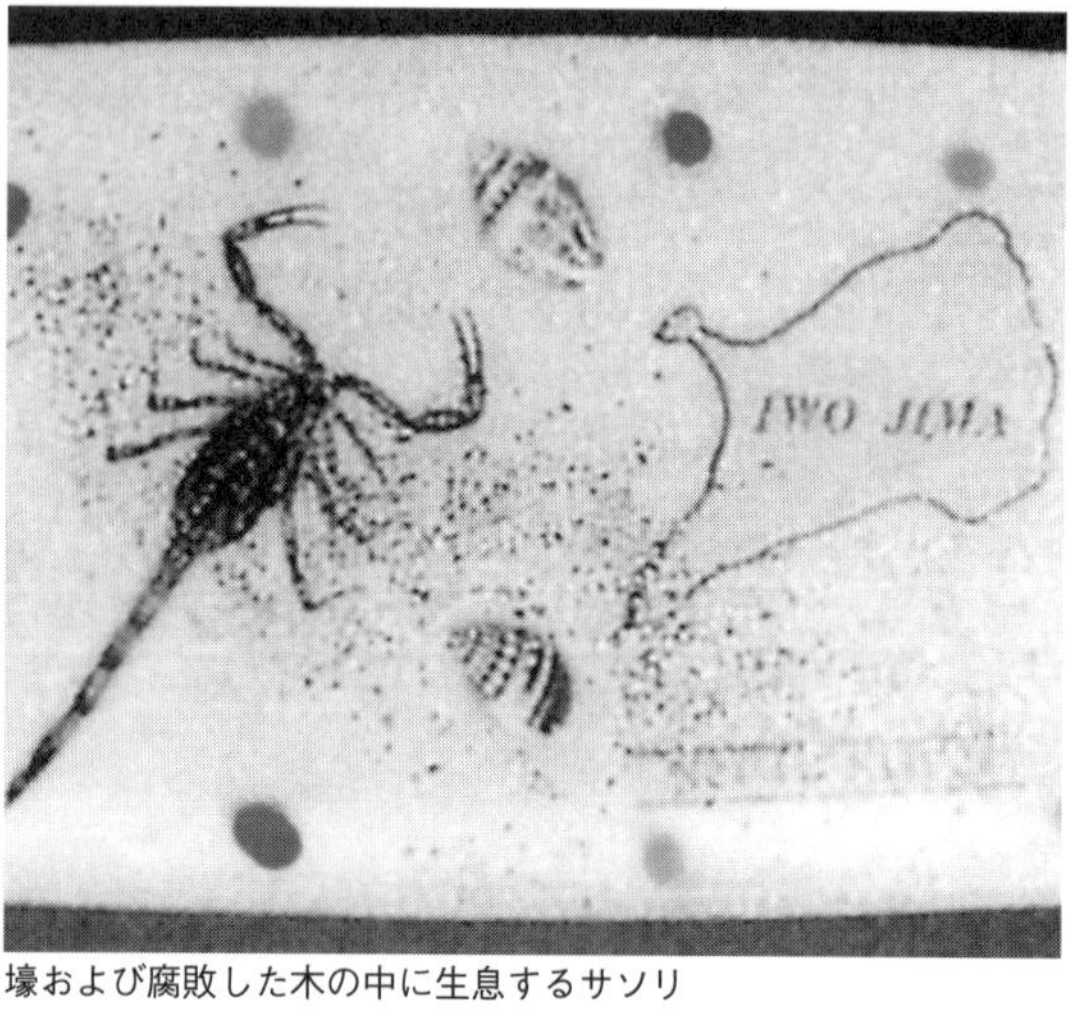

壕および腐敗した木の中に生息するサソリ

硫黄島協会とメモリアル

硫黄島に赴任した栗林中将の人事刷新により、水際攻撃を主張していた元海軍硫黄島警備隊司令の和智恒蔵大佐は内地に戻り、敗戦後、仏門に入ってGHQと日本政府に対し戦没者の慰霊のための硫黄島渡航を働きかけた。七年目の昭和二十七年（一九五二年）にようやく渡航が実現、まだ一万体以上の遺骨が眠る硫黄島で「北観音」「南観音」を祀り、法要を行なった。

天山慰霊碑

翌年、生還者・遺族・関係者に呼びかけて「戦没者の遺骨の完全収集」「遺族への遺品返還」「硫黄島における慰霊追悼式の実施」を柱とした硫黄島協会を設立。

決戦四〇周年にあたる昭和六十年、アメリカからも元兵士とその遺族を招待して「日米硫黄島戦没者合同慰霊祭」を実施。死闘を繰り広げた日米兵士の名誉の再会を果たし、「再会記念碑」が建立された。

その後も五〇周年、五三周年、五五周年に合同慰霊祭が行なわれている。

硫黄島には、いまも兵団司令部壕をはじめ日本軍が立てこもった地下壕と、大阪山砲台と一四糎水平砲、トーチカ群などの戦跡が残り、国が建立した天山慰霊碑、都が建立した鎮魂の丘など、さまざまな慰霊碑と記念碑が建てられている。

遊就館

遊就館は、地下鉄九段下駅からほど近い靖國神社内にある。明治十五年に我が国で最初の軍

正面に栗林中将揮毫の掛軸

事博物館として開館、それ以来、今日に至るまで収蔵品は約一〇万点を数える。現在はその中から常時五〇〇〇点が展示されている。常設展のほか、特別展や映画の放映なども行なっており、ゆっくり見て回ろうとすれば丸一日はかかる内容だ。

この遊就館の中に、硫黄島に関連する展示コーナーがある。現在、一般の人が硫黄島渡航をすることは出来ないが、遊就館の展示を見ることで激戦の一部に触れることは可能だ。

まず、一階の「大東亜戦争４」のコーナー。こちらには、硫黄島で総指揮を執った栗林中将揮毫《きごう》の「決戦運輸誓敢闘」の掛軸ほか、西竹一中佐が昭和七年のロサンゼルス・オリンピックで優勝した際の賞状および金メダル（複製品。現物は秩父宮スポーツ博物館蔵）や、市丸海軍少将が死に臨んで書き記したアメリカ大統領への手紙『「ルーズベルト」に与《あた》ふる書（A Note to Roosevelt）』の直筆コピー（現物はアナポリスの米国海軍兵学校記念館蔵）などが展示されている。

そして、出口近くの大展示場には、硫黄島か

ら回収、同館に奉納された噴進砲がある。これは南海岸に上陸した米軍に対して甚大な損害を与えたロケット（噴進榴弾）発射装置である。また、ここには同じく現地から回収されてきた日本兵の遺留品が数多く展示されている。

　飯盒や食器、水筒、陶器製手榴弾、軍刀、薬品空瓶、火炎放射器用タンク、防毒マスク、電話機、アイロン、西戦車第二六連隊のキャタピラの一部など、幾星霜を経て再び日本の地に帰った品々。朽ち果てたこれらを見ているだけでも、硫黄島での戦いに思いを馳せることができるだろう。

硫黄島で収集されたうずら石

　展示品のその中に、「うずら石」という、直径一センチにも満たない黒と白のコントラストをなす鉱物がある。鶉《うずら》の卵に似ていることからこの名が付いたというこの石は、硫黄島とイタリアの島にのみ見られるものだという。かつて硫黄島の戦いで父親を亡くされたご子息のお家に伺った際、仏壇にこのうずら石がお供えしてあるのを見たことがある。遺族にとっては亡くなった父や兄弟を偲《しの》ぶ石なのである。

大展示場にある噴進砲。これで上陸した米軍を攻撃した

第一・第二御楯隊

サイパン陥落後の昭和十九年（一九四四年）十一月二十四日、B29が東京初空襲を行なったため、サイパンのB29航空基地を攻撃すべく、零戦一二機、新鋭高速偵察機「彩雲」二機による「サイパン特別銃撃隊」が硫黄島を飛び立ち、同二十七日にアスリート飛行場を攻撃。B29を四機破壊するなどの大戦果をあげたものの、零戦は全滅。彩雲一機のみが硫黄島に帰着した。海軍ではこれを特攻とみなし、戦果が確認できないまま、戦死者を「第一御楯特別攻撃隊」として公表した。

硫黄島第二（元山）飛行場指揮所前にて、突撃前の第一御楯隊（昭和19年11月27日）

米軍の硫黄島上陸が迫ると、海軍航空部隊のあいだに特攻の機運が盛り上がった。第三航空艦隊司令長官・寺平謹平中将は第六〇一海軍航空隊司令・杉山利一大佐に特攻隊の編成を命じ、続出する志願者の中から編成された「第二御楯特別攻撃隊」（隊長・村川弘大尉）が千葉県の木更津・香取基地から出撃。艦上爆撃機「彗星」、艦上攻撃機「天山」、それに掩護の零戦で編成された二五機の精鋭部隊は、いったん八丈島で給油後、昭和二十年二月二十一日、米艦隊に体当たりを敢行した。空母サラトガは作戦不能に陥り、空母ビスマルク・シーは大破炎上して沈没。米軍を大慌てさせた。予科練の生みの親であり育ての親でもある市丸利之助海軍部隊司令官は、御楯隊の突入を告げる無電に無言で聞き入っていたという。

アメリカ海兵隊

アメリカ軍を構成する五軍（陸軍・海軍・空軍・海兵隊・沿岸警備隊）の中で規模としては二番目に小さいが、忠誠と勇猛、それに機動性にかけては突出した少数精鋭の軍隊。陸・海・空の全領域にわたる海外での戦闘を前提に組織され、水陸両用の上陸作戦を行なうこともできる。第二次世界大戦の太平洋における島嶼《とうしょ》戦でその威力を存分に発揮した。

それまでは、「海兵隊は海軍の〝貧乏な親類〟である」とも言われ、必ずしも正当に遇されていたとは言いがたい。「硫黄島上陸前の海軍による爆撃が、海兵隊の要求通りにもっと長期間行われていれば犠牲は少なくてすんだはずだ」とスミス海兵隊指揮官は不満を洩らし、「ニミッツは海兵隊員の肩車に乗って、名声を手に入れようとしていた」とも回想録に記している。

硫黄島でのすさまじい損害がアメリカ本土で報じられると、米国民から激しい非難の声が上がったが、一方、海兵隊の任務がいかに過酷であるかを広く知らしめることにもなった。海兵隊が死闘を繰り広げているあいだ、海軍は安全な海の上から砲撃をしているだけという批判も出た。

それまで常に解散の危機と隣り合わせの存在だった海兵隊だが、摺鉢《すりばち》山に星条旗が立てられたとき「これであと五〇〇年、海兵隊は安泰だな」と、フォレスタル海軍長官は傍らのスミス中将の労をねぎらった。その後、海兵隊は朝鮮戦争、ベトナム戦争、湾岸戦争、イラク戦争などで活躍することになる。

硫黄島への渡航

敗戦後、アメリカの施政権下に置かれ、米空軍基地として核兵器保管などに用いられた硫黄島は、昭和四十三年（一九六八年）、小笠原諸島とともに日本に返還されたが、島民の帰島はいまだに実現せず、一般人の立ち入りも禁止されている。

現在は海上自衛隊管理の航空基地が設置され（約二五〇名が駐在）、航空自衛隊（約一一〇名が駐在）による各種実験飛行のほか、米海軍空母艦載機の夜間離着陸訓練など、内地では実施できない軍事訓練に使用されている。

島内には基地隊の庁舎、隊舎、格納庫、レーダータワー、電源局舎、受信局舎、送信局舎自修工場、補給倉庫ほか、さまざまな施設があり、海風による侵食が激しい基地施設の改修が常時行なわれるため、民間建設業者の住宅施設も存在する。

一般人の訪島に対する例外的措置として、毎年一回、旧島民と小笠原の島民・中学生を対象に小笠原村主催による硫黄島訪島事業が平成九年（九七年）から始まり、一時的宿泊施設「硫黄島平和記念館」が建設された。また、東京都が遺族を招いて「硫黄島戦没者追悼式」を毎年開催している。

民間の主催による一般市民対象のものとしては、年一回の「南硫黄島・硫黄島・北硫黄島クルーズ」がある。ただし各島への上陸はせず、沿岸から三島を眺めるのみ。宿泊は原則として父島で二泊、船（おがさわら丸）で三泊となっている。

硫黄島に咲くハイビスカス

硫黄島の戦い　主要史実暦日表

西暦	昭和	月日	出来事
一九四四	一九	二・二五	第三一軍(軍司令官・小畑英良陸軍中将)編成　中部太平洋防衛のため配備される　父島部隊は第三一軍の指揮下に入る
		三・二七	父島要塞司令官・大須賀応少将、小笠原地区兵団長として厚地兼彦大佐を支隊長とする伊支隊を硫黄島に派遣
		五・二二	硫黄島指揮系統の組織化を図るため、第三一軍の一部を更改し、第一〇九師団を編成
		六・〇八	栗林忠道中将、第一〇九師団長として硫黄島に着任
			米軍がサイパン上陸作戦開始
		六・一五	横須賀海軍航空隊で編成された零戦三〇機による八幡部隊が硫黄島到着　撃墜王・坂井三郎飛曹長もその中にいた
			米軍がサイパン島に上陸
		六・一九	歩兵第一四五連隊・速射砲第八～第一二大隊・中迫撃砲第二～第四大

	隊、第三一軍に増強
六・二〇	堀江芳孝少佐、第一〇九師団参謀として来島　父島において物資輸送を担当する
	西竹一中佐、戦車第二六連隊長として硫黄島着任
六・二三	栗林中将、後方に複郭陣地構築を下令　水際撃滅を主張する海軍は猛反対
六・二六	サイパン島の戦況悪化にともない、第三一軍が指揮をとれなくなったため、小笠原守備隊は大本営直轄となる
七・――	零戦九機、天山八機が敵機動部隊への特攻命令を受けて出撃　途中、グラマン数十機に迎撃され、敵艦も発見できず坂井飛曹長をはじめ零戦四機のみが帰還　天山一機が南硫黄島に不時着
七・〇一	大本営直轄の小笠原地区兵団が編成される　栗林中将が兵団長を兼務
七・〇四	飛行機がなくなったため坂井飛曹長ら飛行部隊は内地へ帰還が決まる
七・〇七	サイパン島守備隊三万人玉砕
七・二一	米軍グアム島に上陸

七・二四	米軍テニヤン島に上陸
八・〇三	テニヤン島守備隊八〇〇〇人玉砕
八・〇九	状況視察に大本営より真田穣一郎陸軍部作戦部長と中澤佑海軍部作戦部長が来島　栗林中将は兵力不足を訴える
八・一〇	グアム島守備隊一万八〇〇〇人玉砕　第三一軍司令官・小畑中将は自決 第二七航空戦隊司令官を務める松永貞市海軍中将の後任として市丸利之助海軍少将が硫黄島に到着
九・〇一	米軍、硫黄島と父島を空襲　同時に米巡洋艦二隻、駆逐艦四隻による艦砲射撃　以後、連日にわたって激しい空襲と艦砲射撃を行なう
九・一五	米軍、ペリリュー島に上陸　ペリリュー島守備隊玉砕　その勇戦が硫黄島の戦いの手本となる
一〇・一五	海軍硫黄島警備隊司令の和智恒蔵大佐が内地へ転任　警備隊司令は南方諸島航空隊司令の井上左馬二大佐が兼任
一一・〇六	中根兼次中佐、作戦主任参謀として赴任

		一一・二四	米軍のB29、マリアナ基地から東京を初空襲
		一二・〇八	B29が硫黄島を大空襲
		一二・二〇	千田貞季陸軍少将、混成第二旅団長として赴任　前任者の大須賀少将は司令部付となる
		一二・二三	師団参謀長・堀静一大佐は混成第二旅団司令部付に転勤　後任は高石正大佐
一九四五	二〇	二・一六	早朝より米艦隊が硫黄島を包囲　午後六時まで艦砲射撃
		二・一七	米軍、上陸準備　艦砲射撃と猛爆撃　硫黄島守備隊の南砲台が米艦隊に向けて砲撃　次いで摺鉢山ふもとの海軍砲も砲撃
		二・一八	位置を特定された砲台に米軍の砲撃が集中　水際トーチカもほとんど破壊される
		二・一九	米軍、南海岸より上陸開始　守備隊は上陸から三〇分後に迎撃開始　米軍に予想外の大きな被害
		二・二〇	厚地大佐、摺鉢山の最前線で戦死　千鳥飛行場が陥落し、本隊と摺鉢山の連絡が遮断される

二・二一	木更津・香取基地から出撃した第二御楯隊が特攻に成功　大破した空母サラトガは戦線離脱　空母ビスマルク・シーは沈没した
二・二二	浜松基地から出撃した陸軍の四式重爆「飛龍」が東海岸の米軍を爆撃 ニミッツ米海軍司令長官、硫黄島の状況を「二一日午後六時現在、米軍の死者六四四名、負傷者四一〇八名、行方不明者五六〇名」と発表、米本土で大きな非難が巻き起こる
二・二三	摺鉢山に小型の星条旗が立てられる　日本軍守備隊数名が攻撃を行なうが撃退される　数時間後、星条旗が大きなものに取り替えられ、カメラマンのジョー・ローゼンタールが撮影　その写真に米国民は熱狂した
二・二四	一式陸攻が対空砲火をかいくぐり、硫黄島上空に進入　米軍占領地域に六〇キロ爆弾一二発を投下　栗林中将は第三航空艦隊司令長官寺岡謹平海軍中将に感謝の打電「我方士気極メテ上ガレリ　今後ノ続行ヲ期待ス」
二・二五	屏風山と二段岩で激戦　米軍、予備の第三海兵師団を投入し、三個師団

	で元山飛行場を占領
二・二六	米軍、硫黄島中央部に総攻撃開始
二・二七	元山飛行場の元山砲台と海軍砲台が占領される
二・二八	東京中央放送局が「前線に送る夕」を放送　市丸少将の三女・美恵子さんが兵士たちを激励する作文を朗読
三・〇二	二段岩が占領される
三・〇四	B29が硫黄島に初着陸するが、守備隊が迫撃砲で攻撃、早々に飛び立つ
	独立速射砲第一二大隊、元山飛行場北側の陣地で玉砕　早内政雄大尉は爆薬を抱いて敵戦車に突入し、戦死
三・〇七	千田旅団長と井上警備隊司令は南地区の残存部隊で最後の総攻撃を決定　だが、栗林兵団長は玉砕突撃の中止と師団司令部への合流を指示　この指示は井上警備隊司令には届かなかった
三・〇九	米軍に包囲された千田旅団長以下将兵を中迫砲撃第三大隊が救出　第三大隊の地下壕に移動
	B29による東京大空襲(～一〇日)　死傷者一二万人

三・一三	千田旅団長、中迫砲撃第三大隊を中心とする残存兵およそ四〇〇名とともに師団司令部に合流すべく北進開始
三・一四	ほぼ作戦終了と見た米軍は第五海師団司令部で国旗の掲揚式を行なう 西中佐、兵団司令部と合流するため戦車第二六連隊の残存兵とともに連隊本部を出る
三・一五	玉名山陥落　市丸少将以下の海軍部隊、兵団司令部に到着
三・一六	ニミッツ米海軍司令長官、硫黄島作戦の終結を宣言　西中佐、兵団司令部に向かう途中で戦死　栗林兵団長、参謀総長あて訣別の打電
三・一七	千田旅団長以下、兵団司令部に向かう途中でほぼ全員戦死 栗林兵団長は全将兵に向けて打電「戦局ハ最後ノ関頭ニ直面セリ……予ハ常ニ諸子ノ先頭ニ在リ」 栗林中将、陸軍大将に昇進
三・一八	米軍、摺鉢山を掃討　長田大尉以下約百名、米軍に向かって突撃
三・二一	大本営、硫黄島守備隊の玉砕を発表
三・二三	父島に最後の無電が届く「父島ノ皆サン　サヤウナラ」

		三・二六	栗林中将、市丸司令官、高石参謀長ら硫黄島守備隊が最後の総攻撃を敢行　全員戦死
		四・二二	武蔵野菊蔵中尉が指揮するゲリラ部隊総攻撃　武蔵野中尉は捕虜となる
一九四九	二四	一・〇六	硫黄島守備隊最後の残存兵、山蔭光福兵長と松戸利喜夫上等水兵が米軍に収容された

大東亜戦争　主要史実暦日表

西暦	昭和	月日	出来事
一九四一	一六	一一・二六	ハル米国務長官、中国・仏印からの日本軍完全撤退を求める「ハル・ノート」を提示
		一二・〇八	日本軍、マレー半島に上陸開始
			ハワイ真珠湾攻撃　奇襲大成功　米英が対日宣戦布告
		一二・一〇	日本軍がグアム島・マキン島・タワラ島占領
			マレー沖海戦　英軍主力戦艦プリンス・オブ・ウェールズと戦艦レパルス撃沈
			日本海軍大勝利
		一二・二五	日本軍が香港全島占領
一九四二	一七	一・〇二	日本軍がルソン島マニラを占領
		一・二三	日本軍がニューブリテン島ラバウル占領
		二・一四	日本軍落下傘部隊がスマトラ島パレンバンを占領

二・一五	シンガポールの英・豪軍、日本に無条件降伏
二・二六	スラバヤ沖海戦（～二八）　日本軍が英米豪蘭の連合軍艦隊を撃破
三・〇一	バタビア沖海戦　インドネシア方面の連合軍艦隊壊滅　日本軍がインドネシア・ジャワ島に上陸
三・〇五	日本軍がジャワ島バタビア（ジャカルタ）を占領
三・〇八	日本軍がビルマ（ミャンマー）・ラングーン（ヤンゴン）を占領
三・一一	マッカーサー米軍極東軍司令官、フィリピン・コレヒドール島からオーストラリアへ脱出
四・一八	米空母から発進したB25が東京・名古屋・神戸を初空襲（ドーリットル爆撃）
五・〇三	日本軍がソロモン諸島ツラギ占領
五・〇七	米領フィリピン・コレヒドール島の米軍降伏
	珊瑚海海戦（～〇八）史上初の空母機動部隊同士の戦闘　日本勝利
六・〇五	ミッドウェー海戦　日本軍は四空母を失い敗北　山口多聞少将戦死（戦局の転機に）

		六・〇七	日本軍、アリューシャン列島キスカ島占領
		六・〇八	日本軍、アリューシャン列島アッツ島占領
		八・〇七	米軍、ソロモン諸島のガダルカナル、ツラギ、ガブツ、タナンボゴ島に上陸　反攻開始
		八・〇八	第一次ソロモン海戦（ガダルカナル島の戦い）　日本勝利
		八・二四	第二次ソロモン海戦　日米引き分け
		一〇・二六	南太平洋海戦　ソロモン海域における日米機動部隊による海戦　米軍の稼動空母は一時的にゼロとなり日本圧勝、日本軍も航空機とベテラン搭乗員を多数失う
		一一・一三	第三次ソロモン海戦　米海軍、ガダルカナル島の防衛に成功
		一二・〇八	ニューギニア島バサプアの日本軍全滅
一九四三	一八	一・〇二	ニューギニア島ブナの日本軍全滅
		二・〇一	日本軍がガダルカナル島撤退
		三・二六	アッツ島沖海戦　日本勝利するが負けたと誤認し撤退す
		四・一二	山本五十六連合艦隊司令長官、ソロモン・ブーゲンビル島上空で撃墜さ

			れ戦死
		五・一二	米軍、アッツ島上陸
		五・二九	アッツ島の日本軍守備隊玉砕
		七・二九	キスカ島の日本軍守備隊撤退
		九・一七	連合軍、ラエを占領
		一一・二一	米軍、マキン島・タラワ島上陸
		一一・二五	マキン島・タラワ島の日本軍守備隊五四〇〇人玉砕
一九四四	一九	二・〇六	マーシャル群島クェゼリン・ルオット島の日本軍守備隊玉砕
		二・一七	米海軍機動部隊がトラック島の日本海軍基地を大規模空襲
		二・二〇	ラバウルの日本海軍航空隊が固守
		三・〇八	日本軍、インパール作戦を開始　中国軍の弱体化を狙いインド北東部のコヒマを占領しインパール占領寸前までいったが、これは日本陸軍瓦解の発端となる杜撰な作戦だった
		六・一五	米軍がサイパン島上陸
		六・一九	マリアナ沖海戦　日本海軍機動部隊全滅

七・〇四	戦死者三万、戦病者(一説に餓死者)四万人以上を出してインパール作戦中止
七・〇七	サイパンの日本軍守備隊三万人玉砕　南雲忠一中将戦死
八・一八	東條英機内閣総辞職
七・二一	米軍がグアム島上陸
七・二二	小磯国昭内閣が成立
七・二四	米軍、テニヤン島上陸
八・〇三	テニヤン島守備隊八〇〇〇人玉砕
八・一〇	グアム島の日本軍守備隊一万八〇〇〇人玉砕
九・一五	米軍、ペリリュー島に上陸　日本軍守備隊玉砕　その勇戦が硫黄島戦の手本となった
一〇・二〇	米軍、フィリピン・レイテ島に上陸
一〇・二四	レイテ沖海戦(〜二六)　戦艦「武蔵」・「瑞鶴」沈没　日本連合艦隊は事実上消滅
一〇・二五	神風特別攻撃隊の敷島隊がレイテ沖で体当たり攻撃　米空母撃沈

一九四五	二〇	一一・二四	米軍のB29、マリアナ基地から東京を初空襲
		二・一九	米軍、硫黄島上陸
		三・〇三	米軍がマニラを完全占領
		三・〇九	B29による東京大空襲（～一〇）　死傷者一二万人
		三・二一	大本営、硫黄島守備隊の玉砕を発表
		四・〇五	小磯国昭内閣総辞職
		四・〇七	鈴木貫太郎内閣成立　戦艦大和、六八発の魚雷を受けて沈没（命中したのは一二発）
		四・一二	ルーズベルト米大統領急死　副大統領トルーマンが後任として昇格
		七・二六	トルーマン米大統領が対日ポツダム宣言発表　日本は黙殺
		八・〇六	アメリカが広島に原爆投下
		八・〇八	ソ連が日ソ中立条約を破棄して宣戦布告　満洲・朝鮮・樺太に侵攻
		八・〇九	長崎に原爆投下
		八・一五	ポツダム宣言有条件降伏を受諾　鈴木貫太郎内閣総辞職
		八・三〇	マッカーサー連合国最高司令官、厚木に到着

九・〇二		
米艦ミズーリ号で降伏文書に調印　連合軍代表はマッカーサー元帥、米代表はニミッツ太平洋艦隊司令長官		

写真提供、取材・撮影協力

栗林快枝
志村俊子
西泰徳
アジア歴史資料センター「日米交渉特別展」
ホームページ
小笠原村役場
近現代フォトライブラリー
現代政治研究所
防衛研究所　史料閲覧室
防衛省　海上幕僚監部広報室
防衛省　航空幕僚監部広報室
毎日新聞社
読売新聞社
靖國神社　遊就館
U.S. National Archives

航空自衛隊　硫黄島基地隊
元司令　金丸直史
元司令　森田弘
元総務人事班長　江口住吉
海上自衛隊　硫黄島航空基地隊
元司令　上床健治
　司令　工藤誠律
航空自衛隊連合幹部会機関紙『翼』
元編集長　南崎伸一郎

小室直樹（こむろ　なおき）
政治学者、経済学者。1932年、東京生まれ。京都大学理学部数学科卒業。大阪大学大学院経済学研究科、東京大学大学院法学政治学研究科修了。東京大学法学博士。この間、フルブライト留学生としてアメリカに留学し、ミシガン大学大学院でスーツ博士に計量経済学を、マサチューセッツ工科大学大学院でサムエルソン博士（1970年ノーベル賞）とソロー博士（1987年ノーベル賞）に理論経済学を、ハーバード大学大学院ではアロー博士（1972年ノーベル賞）とクープマンス博士（1975年ノーベル賞）に理論経済学を、スキナー博士に心理学を、パースンズ博士に社会学を、ホマンズ教授に社会心理学を学ぶ。著書に、『ソビエト帝国の崩壊』『韓国の悲劇』『国民のための経済原論Ⅰ・Ⅱ』（以上、光文社）、『「天皇」の原理』（文藝春秋）、『小室直樹の資本主義原論』『日本人のための経済原論』『数学嫌いな人のための数学』『論理の方法』（以上、東洋経済新報社）、『日本の敗因』（講談社）、『小室直樹の中国原論』『日本人のための宗教原論』（以上、徳間書店）、『資本主義のための革新』（日経ＢＰ社）、『痛快！憲法学』『日本人のためのイスラム原論』『日本国憲法の問題点』（以上、集英社インターナショナル）、『数学を使わない数学の講義』『日本国民に告ぐ』（以上、ワック出版）その他多数。2010年、逝去。

野《の》辺《べ》には朽《く》ちじ
硫《い》黄島《おうとう》 栗林《くりばやし》中将《ちゆうじよう》の戦《たたか》い

2023年12月2日　初版発行

著　者　小室直樹

発行者　鈴木 隆一

発行所　ワック株式会社
東京都千代田区五番町 4-5　五番町コスモビル　〒102-0076
電話　03-5226-7622
http://web-wac.co.jp/

印刷製本　大日本印刷株式会社

© Komuro Naoki
2023, Printed in Japan
価格はカバーに表示してあります。
乱丁・落丁は送料当社負担にてお取り替えいたします。
お手数ですが、現物を当社までお送りください。
本書の無断複製は著作権法上での例外を除き禁じられています。
また私的使用以外のいかなる電子的複製行為も一切認められていません。

ISBN978-4-89831-891-1